高 | 校 | 学 | 术 | 文 | 库
人文社科研究论著丛刊

基于功能视角的现代汉语词汇认知研究

陈红列 著

中国书籍出版社
China Book Press

图书在版编目(CIP)数据

基于功能视角的现代汉语词汇认知研究/陈红列著.
—北京:中国书籍出版社,2017.6
ISBN 978-7-5068-6281-3

Ⅰ.①基… Ⅱ.①陈… Ⅲ.①现代汉语－词汇－研究
Ⅳ.①H136

中国版本图书馆 CIP 数据核字(2017)第 162393 号

基于功能视角的现代汉语词汇认知研究

陈红列 著

丛书策划 谭 鹏 武 斌
责任编辑 李 新
责任印制 孙马飞 马 芝
封面设计 崔 蕾
出版发行 中国书籍出版社
地　　址 北京市丰台区三路居路 97 号(邮编:100073)
电　　话 (010)52257143(总编室) (010)52257140(发行部)
电子邮箱 chinabp@vip.sina.com
经　　销 全国新华书店
印　　刷 三河市铭浩彩色印装有限公司
开　　本 710 毫米×1000 毫米 1/16
印　　张 15.5
字　　数 201 千字
版　　次 2018 年 10 月第 1 版 2018 年 10 月第 1 次印刷
书　　号 ISBN 978-7-5068-6281-3
定　　价 58.00 元

目 录

第一章 现代汉语词汇的概况 …………………………… 1
第一节 汉语词汇概念的界定 …………………………… 1
第二节 汉语词汇的性质与特点 ………………………… 3
第三节 汉语词汇的内容与单位 ……………………… 12
第四节 汉语词汇的发展与演变 ……………………… 24
第五节 汉语词汇在语言学中的地位与作用 ………… 32
第二章 基于功能视角的现代汉语词汇构词与造词研究 …… 34
第一节 现代汉语词汇的构词研究 …………………… 34
第二节 现代汉语词汇的造词研究 …………………… 46
第三章 基于功能视角的现代汉语词义研究 ………… 59
第一节 现代汉语词义的性质与特点 ………………… 59
第二节 现代汉语词义的单位与理据 ………………… 67
第三节 现代汉语词义的类聚研究 …………………… 78
第四节 现代汉语词义的发展演变 …………………… 87
第四章 基于功能视角的现代汉语词汇色彩研究 ……… 94
第一节 现代汉语词汇的情态色彩 …………………… 94
第二节 现代汉语词汇的形象色彩 ………………… 102
第三节 现代汉语词汇的语体色彩 ………………… 113
第四节 现代汉语词汇色彩意义的变化研究 ……… 118
第五章 基于功能视角的现代汉语词汇运用研究 …… 123
第一节 现代汉语词汇的声音与意义选择 ………… 123
第二节 现代汉语词汇中虚词和离合词的运用 …… 132
第三节 现代汉语词汇中特殊词汇的运用 ………… 141

第四节　现代汉语词汇的活用 …… 166
第六章　基于功能视角的现代汉语词汇规范化研究 …… 173
第一节　现代汉语词汇规范的意义与原则 …… 173
第二节　现代汉语词汇规范化的内容与注意事项 …… 179
第三节　网络词汇的规范化 …… 191
第七章　基于功能视角的现代汉语词汇教学研究 …… 197
第一节　现代汉语词汇教学的任务与原则 …… 197
第二节　现代汉语词汇课堂教学的常用方法 …… 202
第三节　现代汉语词汇的特殊性 …… 217
第四节　现代汉语词汇教学中的文化渗透 …… 220
参考文献 …… 237
后记 …… 240

第一章 现代汉语词汇的概况

词汇是语言的建筑材料，是语言中词和固定短语的集合，语言通过它表示客观世界的相关事物，因此词汇在现代汉语中占据十分重要的地位。而要了解现代汉语词汇，必须先了解现代汉语词汇的基础知识，本章即从现代汉语词汇的概念、性质与特点、内容与单位、发展与演变，以及汉语词汇在语言学中的地位和作用入手，对现代汉语词汇的基本情况进行分析。

第一节 汉语词汇概念的界定

关于词汇的概念，人们可以做出许多既随便又无什么错误可言的解释，比如像斯大林的“语言中所有的词构成所谓语言的词汇”[①]等，我们在一些著述中的确能够经常见到这样的解释，而且应该说，在日常交际中，在某种语境下，这样的解释也是完全正确的。因为“词汇”的确是一个指称词的集体的概念，是表示词的总和的意义的。

但是从语言研究的视角来看，对词汇的这种解释显然不够严格和准确，基于此，我们还需要从语言学的视角对现代汉语词汇的概念予以界定。

根据黄伯荣、廖序东主编的《现代汉语》（增订本第五版）的研究，现代汉语词汇实际上就是现代汉语中所有的（或特定范围的）

---

① [苏联]斯大林著，中央编译局译．马克思主义与语言学问题[M]．北京：人民出版社，1964：15.

词和固定短语的总和。例如汉语词汇中的一般词汇、基本词汇、文言词汇、方言词汇等。

在现代汉语中，词汇与语法、语音并称语言的三大要素。在语言的这三大要素中，语法自然是一个重要的因素，因为若无语法，词汇就仿佛一盘散沙，无从结构和组织；语音也是一个重要的因素，如果没有语音这个物质性的载体，词汇所表达的内容也就无法为人所感知。但是，比起语法和语音来，词汇的重要性似乎更胜一筹。词汇是语法赖以存在的实体，没有词汇，语法就成了干巴巴的规则，失去了存在的意义。进一步说，如果汉语从未有过词汇，语法也就不会产生，因此个体从出生后进行语言的学习，首先所学到的便是词汇，而非语法。直到掌握的词汇总量达到了一定的程度，个体需要用这为数众多的词语组织成句子表达自己的意思时，语法才开始发挥其重要作用。词语的意义是语音所负载的实际内容，没有了这实际的内容，语音就与自然界的风吼雷鸣无异。语音就仿佛鸡蛋的外壳，它使得内容被固化，且不能随意流动；外壳连同内容作为一个整体为外界所感知，被人用作与外界交往的凭借物。

需要注意的是，很多人在理解现代汉语词汇时，将其简单地理解为词，这是不科学的。

词汇和词是集体与个体的关系，它们的区别与联系应该是十分明显的，可是人们往往不够注意（这一常识原可不提，因疏忽尚多，特强调）。

对于“词汇”这个术语本身的使用，要防止两种失误：一是误把“词汇”当“词”来使用，比如像“这些词汇”“两个词汇”等说法就是错误的。因为词汇是一个总体，不能计数。二是机械地理解词和词汇的关系，该用“词汇”的时候却举棋不定。要知道，“词汇”指词的整体，也可在特定场合指词的某一集体，如“医学词汇”“鲁迅词汇”“作家词汇”“方言词汇”之类，它们都属于集体性概念。另外还应明确的是：习惯上词相当于语词，词汇相当于语汇，但语词和语汇不同于词语，不能把它们混淆起来。

第二节　汉语词汇的性质与特点

一、汉语词汇的性质

恩格斯在《自然辩证法》中说："我们所面对着的整个自然界形成一个体系，即各种物体的相互联系的总和。"[①]现代汉语词汇同自然界的情况一样，它也是各种词汇成分的相互联系的总体，是一个具有整体性或体系性的现象。词汇是现代汉语中所有词汇成分的总汇，或者说，是具备称谓功能和造句功能及造词功能的一套音义结合的符号系统，这就决定了现代汉语词汇必然具有体系性的性质。具体来看，汉语词汇的体系性主要体现在以下几方面。

（一）词汇成分在发展的过程中相互作用、相互影响

从现代汉语词汇成分发展演变历程来看，造成现代汉语词汇成分演变的因素是多种多样的，词汇成分之间的相互作用是其中的一种重要因素。例如，"红色""白色"原来都只是指称颜色的，它们属于同一语义组系。后来"红色"有了变义，可以喻指"革命或进步"（如"红色专家"），于是"白色"一词也受了影响，为其类化，也相应地产生了"反革命或不进步"的变义（如"白色恐怖"）。又如古代汉语里"臭"这个词有"鼻子能闻到的一切气味的总称"之意，"味"则是"口舌能感出的一切味道的总称"，即气味之感于鼻者谓之"臭"，感于口者谓之"味"，如《孟子·尽心上》："口之于味也……鼻之于臭也"，《庄子·天地》："五臭熏鼻，困惾中颡……

① ［德］恩格斯著，中共中央马克思恩格斯列宁斯大林著作编译局译．自然辩证法［M］．北京：人民出版社，1955：47．

五味浊口，使口厉爽……”这两个词的语义范围密切相关、互为界限。后来“臭”变成专指“坏的气味”，语义概括的范围有所缩小，不再是嗅觉所能感到的一切气味的总称。于是也就引起了“味”的语义界限的重新调整，“能嗅到的一切气味”这个意思，也由“味”来表达，使“味”的概括范围相应地有所扩大。词汇成员间在历史的发展演变上这种内部的因果联系，正说明了它们是统一事物内的有机组成部分，如同“牵一发”之所以能“动全身”，正是由于“一发”是“全身”的有机的组成部分一样。所以词汇的体系性，就寓于这些构成成分间的有机联系之中。

（二）词汇成分是作为词汇统一体内的有机组成部分而存在的

在现代汉语中，多种多样的词汇成分在总的方面总是存在着共同的特点，服从于共同规律的支配，各自作为统一体内的有机组成部分存在。每当一些新的词汇成分加入这个“集体”时，就必然要受这个整体的总的规律、特点的制约，不可能是无条件的随便凑合，不受任何约束。这在我们吸收外来词汇成分上表现得最为突出。例如，汉语词汇在语音形式上，从音节的音素构造到整个词的音节数目，以及词的内部形式，都有自己的一套特点，外来词要进入到汉语词汇中来，首先要受到这方面的制约或改造，不但像“景气”“支配”这种采取借形办法借自日语的词，要按汉语中这些汉字的读音来确定词音而抛弃日语的读法，就是那些音译词，如“塔”（来自梵语的 Stûpa）、“菩萨”（来自梵语的 Bod-hisattva）、“浪漫”（来自英语的 romantic）、“米”（来自法语的 Mètre）、“打”（来自英语的 dozen）等，它们在语音形式上也和原词有相当出入，如词的音节由原来无声调变为有声调，由原来的“多音节”“双音节”，节缩为“双音节”“单音节”，为汉语词汇在这方面的特点所同化（如“菩萨”“浪漫”之节缩为双音节，是受现代汉语词的音节双音化的规律所支配；“米”“打”之节缩为单音节，又是为汉词的量词多采取单音形式的特点所同化）。另外，外来词在语义上也同样服从于汉语词汇现存的意义系统的约束，如梵语的“Stûpa”原是“坟墓”的意思，它被吸收到汉语词汇中来，“塔”就只指“供佛用的建筑”；英语的“jacket”是指一般的“短上衣”“坎肩儿”之类，被汉语词汇吸收来的“夹克”就只指“袖口和衣边带有松紧的短衣”。因为在我们汉语词汇中已有表达“坟墓”“坎肩儿”概念的语词存在，这种固有的语词就制约着这些外来词在整个汉语词汇语义系统中的位置。再如，我们自造的新词，能在词汇中存在下来，起码要符合于既有语词的结构规律，也是这个道理。

(三)词汇在音、形、义、结构等方面呈现出聚合网络性

1. 词汇成分在语音方面的类聚

在语音上，汉语词汇成分所形成的聚合关系主要有同音关系。同音就是词与词之间声母、韵母和声调都完全相同。像“开始—开市—揩拭”就是一组词音相同，但词义不同且没有关联的词语。

除了同音关系外，有的词语在音节数量上相同，形成音节上的等量关系，如单音节的词语类聚“我、他、小、累、来”，双音节的词语类聚“表现、知道、漂亮、合适、因此”，多音节的词语类聚“奥林匹克、拔苗助长、三心二意、无产阶级”。

2. 词汇成分在词形方面的类聚

在词形上，汉语词汇成分所形成的聚合关系主要有同形关系、同素关系、逆序关系、形近关系。同形关系指词语意义不同，但书写形式完全相同，如“重量”的“重”和“重复”的“重”，“成长”的“长”和“长短”的“长”，它们都是异音异义，但字形相同，是同形词。同素关系指一个共同语素结合其他不同语素构成的一组词，如“同屋、同学、同事、同伴、同胞”等都包含一个共同语素“同”，我们便可以称之为同素词。逆序关系指语素的书写形式完全相同

但排列的线性次序相反，如“替代—代替、情感—感情、伤感—感伤、缓和—和缓”等。有的逆序词，从字形看，似乎是由相同语素构成，实际上却不是，这样的逆序词就是异素逆序词，如“好说—说好、花白—白花”，每一组的前一个是词，后一个是短语；“长处—处长、孙子—子孙”，它们在语音和意义上有差别。形近关系指含有某个相同或相似的部件而形成类聚成的词，如“脸、肚、腿、脚、肝、肥、胖”等词含有相同的形旁“月”，“请、清、情、晴、精、睛”等词含有相同的声旁“青”，它们之间的关系就是形近关系。

3. 词汇成分在语义方面的类聚

意义是词汇的本质内容，在语义上，各词汇成分形成的聚合关系最为复杂，也最为重要。词汇在意义上的聚合关系主要有近义关系、反义关系、上下位关系、类义关系、整体—部分关系等。

近义词即意义相同或相近的词构成的是近义关系。如“愉快—快乐—高兴、正好—恰好—刚好、称赞—赞美—赞叹—赞扬”等。

反义词即意义相反或相对的词构成的是反义关系。如“生—死、动—静、有—无、真—假”是绝对反义词，肯定一方必否定另一方，否定一方必肯定另一方。而像“白—黑、大—小、开始—结束、光明—黑暗”等词则是相对反义词，肯定一方必否定另一方，但否定一方不一定就能肯定另一方。

上下位关系的词指的是具有类属关系的词，其本质是一般和个别的关系。如“面食”和“饺子、馒头、包子、馄饨”构成的就是上下位关系，而“面食”又是“食品”的下位词。这说明判断上位词和下位词要依据不同的参照词，上下位词的关系具有相对性。

具有共同的上位词、处于同一层次上的一组下位词形成的就是类义关系，比如前面例子中的“饺子、馒头、包子、馄饨”具有同一个上位词“面食”，它们在内容意义上代表同一类事物，形成类义关系。同样，“毛笔、钢笔、铅笔、粉笔”等都是“笔”的下位词，它们是类义词。构成同义关系和反义关系的词也往往构成类义关系。

还有一些词，其中有的表示事物的整体，另一些表示构成这个整体的各个部分或各个成员，这些词形成的就是整体—部分关系词。语言中存在大量的整体—部分关系词，如“房子”和“屋顶、门、窗户、墙壁”，“四季”和“春季、夏季、秋季、冬季”，等等。

4. 词汇成分在结构方面的类聚

现代汉语词汇以双音节词为主，这些词在结构上具有共性，这个共性就是合成词的结构类型，主要有联合、偏正、动宾、补充、陈述、重叠、附加等。每一类型的结构方式都联系一大批词，绝大多数词都可以归入这少数几个结构类型中。可以说，汉语词汇的各个成员在结构上是有规则地联系在一起的，表现出词的组织结构的系统性。

总之，聚合关系是汉语词汇系统内部词汇成分有机关联的具体表现。在词汇系统内部，任何一个词汇成分都会以某种共同性为基础与其他词汇成分形成广泛的聚合。这样，以某一个词汇成分为中心，将各种聚合关系辐射出去，就会同其他若干词汇成分构成一个围绕某一中心的聚合网络体。以此类推，这种辐射状的聚合体就会不断地向外延伸与扩展，从而形成一个立体交错的词汇网络。系统内部的任何一个词汇成分实际上都处于这个网络中的某一个节点上，并通过各种关系同其他相关节点联结在一起。可以说，聚合的网络性是现代汉语词汇系统的最大特点。

二、汉语词汇的特点

现代汉语词汇主要是在跟古代汉语词汇的比较中才显示出它的特点的。具体来看，现代汉语词汇的特点主要包括以下几方面。

（一）以双音节词为主体，但单音节词仍占重要地位

根据《现代汉语频率词典》统计，使用度最高的前 9 000 个词

中，单音节词为2 400个，多音节词为6 600个，其中双音节词为6 285个。词汇量越扩大，多音节词所占的比例就越大。在使用频率上，单音节词占优势。上面同样的材料显示，6 285个双音节词的使用频率平均为60次，2 400个单音节词则高达350次。而且越是常用词中，单音节词使用的频率越高。

现代汉语的语素以单音节为主，单音节语素占绝大多数，约占汉语全部语素的95%，而多音节语素只占5%。词则以多音节为主。词都是由语素构成的。由于汉语的音节数目有限，单音节词往往会造成大量的同音词，这样就会给交际带来困难，多音节词有助于避免大量同音词的出现。此外，汉语的单音节词往往是多义词，有时语义难以确定，多音节词就使得词义的表达更为细腻、精确，既增强了词与词之间的区别度，又使词在表意上更具有理据性。但是，语言的经济原则不会让词的音节扩展走得太远。人们在追求表意明确性的同时，总是力求形式的经济简便。这样追求表意明确性使汉语词的音节尽量由简到繁，而形式的经济简便又要求汉语词的音节尽量避繁就简。两种要求的相互制约使现代汉语的词在音节数量上集中于双音节。

在实践过程中，人们常常在单音节语素的前后添加没有意义的附加成分成为双音节词，如“桌—桌子、舌—舌头、鼠—老鼠、姨—阿姨”；意义相同、相近或者相反的单音节语素联合起来成为双音节词，如“奇怪、皮肤、牙齿、反正、买卖、横竖”；以一个单音节语素为主，在前面或后面加上个辅助性的相关成分，如“心—心扉、耳—耳朵、月—月球、脑—脑袋、净—干净、唇—嘴唇”；三音节的词省略其中一个音节成为双音节词，如“照相机—相机、机关枪—机枪”；四音节及四音节以上的词语采用缩略法成为双音节词，如“化学工业—化工、超级市场—超市、人民代表大会—人大”。

不仅如此，单音节词都具有较强的构词能力，可以作为构词语素构成大量的合成词及成语，而且构词时位置灵活。如“心”，作为语素所构成的词语在《高等学校外国留学生汉语教学大纲》

(长期进修)“词汇表”中多达70多个，其中位置在前的有“心情、心爱、心得、心理、心灵、心目、心事、心思、心态、心疼、心头、心血、心眼(儿)、心意、心愿、心中”等，位置在后的有“爱心、安心、操心、称心、粗心、担心、当心、恶心、放心、分心、甘心、关心、狠心、灰心、精心、决心、开心、良心、留心、耐心、热心、人心、忍心、伤心、省心、细心、小心、信心、虚心、一心、疑心、用心、衷心、专心”等，位置在词语中间的有“诚心诚意、齐心协力、全心全意、三心二意、随心所欲、提心吊胆、小心翼翼、一心一意、专心致志”等。

(二)合成词的内部构造跟短语的构造大体一致

现代汉语的双音节以及双音节以上的合成词的内部构造，基本上跟普通短语的构造是一致的。它们主要是用以下五种方法构成的。

(1)主谓式：虎啸——老虎咆哮　心慌——心里发慌
心痛——心里很痛　锋利——刀锋锐利
(2)动宾式：听差——听从差使　知己——知道自己
管家——管理家务　举重——举起重物
(3)偏正式：草帽——草编的帽子　壁画——墙壁上的画
席卷——像卷席子那样地卷
笔试——以书面的形式进行考试
(4)联合式：兄弟——兄长和弟弟　珍宝——珍珠和宝石
问答——提问和回答　名利——名声和利益
(5)中补式：照亮——照得明亮　阐明——阐述得明白
改正——改得正确　延长——延得很长

当然，构词另有它独特的方法，例如“附加”“量补”“重叠”等。

(三)词汇的产生既有任意性，又有理据性

任何语言的词语，特别是单纯词以及意义单一的词，用什么音表示什么意义在初始阶段大多是任意的，词语本身和命名的事物之间没有必然的、本质的联系。如在汉语中，人们把地面以上

高远广大的空间叫作“天”，把踩在脚底下的物质叫作“地”，如果我们的祖先将这二者颠倒过来，那么今天我们就称“天”为“地”，叫“地”为“天”了。又如汉语的基本词“太阳”与对应的英语词语 sun 发音不同，但意义相同，音与义的结合完全是无理据的。

另一方面，语言中有相当多的词语，其音义之间也有一定的联系。如汉语中“蝈蝈、蛐蛐”等词就是根据动物的叫声来命名的。语言中大量的复合词是由语素作为构词成分构成的，语素与语素之间的相互组合是非任意的，是可以论证的。如用“飞机、水牛”给有关事物命名时，就选择、抓住了这些事物的某个突出特征来作为命名的根据、理由。历史上很多音译的外来词后来都被意译词所取代，根本原因就是音译外来词在字面上看不出任何理据性，不容易为人理解和接受，逐渐被淘汰就非常自然了，如“赛因斯”被“科学”取代，“麦克风”被“话筒”取代等。

由此可见，词汇的任意性和理据性是对立统一的。任意性是词汇得以产生的途径，理据性是词汇不断丰富的手段。在词汇教学中，充分利用词汇的理据性，可以更加清晰地解析词义，使学生更快地理解和记忆词语的意义。

(四)在表达上既有普遍性，又有民族性

普遍性指的是各民族语言中所有的词语本质上都是对客观事物的反映。因为语言中的词汇，特别是实词，与逻辑上的“概念”往往是密切相关的，概念是对客观事物的反映，而词汇则是表达概念的物质形式。只要客观事物或现象存在，就需要有反映它们的概念，语言中就一定会有某个相应的词语来表达，这对于所有的语言都是一样的。如客观世界中有山、河、日、月，任何一种语言都会有相应的词语来表示。

民族性是指各民族语言的词汇反映了本民族对客观事物或现象的独特认识。这有两方面的含义：一是语言与客观世界不是直接对应的，在语言与客观世界之间还有中介物，那就是人的认知域。各民族在对客观世界的认识上有相同的一面，又有不同的

一面。因此各民族在反映客观事物时所形成的概念就有许多是不一致的。二是即使所形成的概念相同，但词语对客观事物的表达同概念对客观世界的反映是不同的。这是因为语言符号音义结合的任意性使得不同民族或地区的人们可以根据自己的风俗习惯，按照自己的方式来约定词语，因此不同语言的词汇不一定反映完全相同的概念，可能在所指称的对象、范围以及搭配关系、附加色彩等方面存在极大差异。这主要表现在以下两个方面。

（1）不同语言词汇中相对应词语的意义也并不完全一一对应。在不同语言的词汇中，意义能一一对应的词主要是一些专业名词和单义的术语。在大多数情况下，不同语言词汇中相对应词语的意义往往是错综复杂的，它们可能在某个或某些义项上是相同的，而在其他几个义项上却不同，如汉语的"运动"和英语的movement，它们都可以表示物体运动、社会运动等，但是汉语的"运动"还可指体育活动，英语的 movement 可指乐章、韵律等。也有一种情况可能是某种语言甲词的全部义项包含在另一种语言的乙词之中，只和乙词的部分义项相同，如英语的 cat 和汉语的"猫"具有共同的义项，但前者还可以表示心地恶毒的女人，词义范围比"猫"大。还有一种情况是某个词语或某个义项在其他语言的词汇中根本找不到对应的词语或义项，一部分音译词就是在这种情况下产生的。另外，词语的色彩意义，不同语言之间往往也难以直接对应，如汉语中有很多由"狗"构成的词语都是贬义词，而在英语中，dog 是人类的好伙伴，在使用中常带有褒义色彩。还有，理性意义相同的词汇在不同语言中的搭配规则也可能不同，如英语 high 和汉语"高"意义基本对应，但是它们与其他词语的搭配关系并不同，如"高个子—a tall fellow、高龄—advanced age、高手—past master"和"high tea—正式茶点、high summer—盛夏、high seas—公海"。

（2）不同语言中语音形式和语义内容完全相同的词语几乎没有，较为常见的情况是相同的概念在不同的语言中用不同的语音形式来表现。如"能思维，能劳动，并能进行语言交际的高等动物”这个意义，在汉语里跟“rén”这个音节结合，构成“人”这个词，而在英语里则跟[ˈhjuːmən]这组音组合构成 human 这个词。

第三节 汉语词汇的内容与单位

一、汉语词汇的内容

根据本书第一节对现代词汇概念的分析，我们知道，现代汉语词汇实际上就是汉语中的一切词汇，它主要包括词的总汇和相当于词的作用的固定结构的总汇两个基本内容，在这两个基本内容之下，还隐含着许多更细一层的内容，具体如图 1-1 所示。

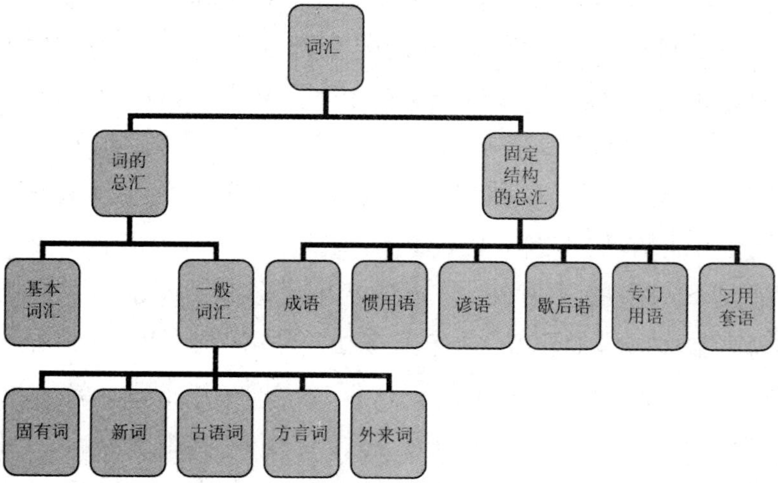

图 1-1

前面已经指出，词汇的内容应该具有基本的部分。因此，对这两个既有联系又有区别的部分，下面分别进行叙述和分析。

(一)词的总汇

词的总汇是汉语中所有的词构成现代汉语词的总汇，它又可以分为基本词汇和一般词汇两种。

1. 基本词汇

基本词汇是现代汉语系统中最稳固、最核心的部分，同时也是构成语言的基础之一。基本词汇所包含的词是基本词，这些词从数量上来看，只占整个词汇系统的一小部分，从所指来看，往往都是和日常生活息息相关的事物和概念，从实际运用来看，使用频率很高，意义也很明确，通常不需解释就能理解。例如，“爸爸”“妈妈”“今天”“明天”“房子”“车子”“一”“二”“你”“我”“他”等。通常情况下，基本词汇都具有稳固性、普遍性、能产性的特点。

稳固性是指现代汉语中的一些词早在甲骨文时期便已经出现，如“天”“地”“人”“火”等，这些词沿用至今，仍然属于现代汉语的基本词汇。当然，这种历史的延续，并没有一个明确的界限，甲骨文时期沿用到今天是基本词汇，那么明清的、民国的这些相比较而言历史不甚悠久的词就不是基本词汇了，这显然是不足取的看法，比如五四时期才出现的“民主”“科学”，虽然历史不长，但是它们从性质地位和作用来看，仍然是基本词汇。

需要说明的是，基本词汇具有的这种稳固性从辩证的观点来看，是一种相对的稳固性，也就是说要用发展的眼光看待这种稳固性。首先，要区分开古汉语的基本词汇和现代汉语的基本词汇，一个词在古汉语中是基本词汇，并不代表它在现代汉语中的地位也是一样的，比如“犬”在古汉语中是个基本词，而现代汉语中早已经用“狗”来替代了，所以“犬”在现代汉语中就不能看成是基本词了。其次，要从长远的角度看待问题，随时准备吸收新生基本词，如“计算机”一词产生不过是这几十年的事情，可是随着社会的发展，人们的日常生活已经越来越离不开计算机，从长远看来，这个词必然会具有历史的稳定性，理应把它看成基本词。

普遍性是指由于基本词汇和人们生活的关系非常密切，从事任何行业的人们都离不开它，所以它为全民普遍使用，使用的范围最广，使用的频率很高。例如，“天”“地”“日”“雨”“茶”“走”“吃”“生”“死”“书”“衣”“一”“多”“美”等词，不分贵贱，不管是王公贵族还是平民百姓都要用到，缺少它就无法进行正常的交际活动，而且不管是谁使用，在哪儿使用，它们的意思都不会改变，因此这些词语就具有很强的普遍性。

现代汉语基本词汇的普遍性与汉语交际、交流思想的职能密切相关。基本词所代表的都是生活中最基本最常用的概念，任何人（不管哪个阶级、阶层，什么职业、文化程度如何）只要是交际、交流思想，不管是在口头上还是书面上都离不开它，因此，基本词汇是词汇中最活跃，被运用的频率最高的成员。一般说来，一篇文章或一段话都不能离开基本词汇，否则就难以完成交际任务。这是非基本词汇所比不上的。

同时，基本词汇充分表现出语言的全民性，它是为用现代汉语进行交际的人所共同理解、掌握和运用的，不是专为某一阶层或行业服务。有些词（如“念白、行头、花旦、武场、气根、盘曲”）虽然也有较强的生命力，但是它们不是社会全体成员交际、交流思想的材料，不具有全民性，不是基本词。

能产性是指基本词汇一般都具有产生新词的能力，如“水”如果用来作语素，可以形成“水果”“水稻”“水花”“水利”“水分”“水泥”“油水”等词。

通常情况下，基本词可以成为产生新词的基础，这主要体现在两个方面：一个方面是构成单纯基本词的词素，因为它和基本词的形式是相一致的，单纯词和构成它的单纯词素同时产生，它们存在于一个相同的形式之内，只是两者的性质和功能完全不同而已。因此在基本词被普遍使用和具有稳固性的情况下，也使构成它的词素获得了很强的构词能力，如“人”作为词素构成了“人”这一基本词，同时“人”作为词素又可以参与构成许多其他的合成词，从而形成了它的能产性。另一方面是由合成词充当的基本词，当这类基本词被社会广泛使用并具有了一定的稳固性之后，它就会以整体的形式转化成为合成词素，并参与创制新词。例如，“工作”一词原是一个由“工”和“作”两个词素组合而成的合成词，但是当“工作”这一合成词被语言社会确认为是基本词并被广泛使用后，“工作”这一语言形式就会整体性地转化成为合成词素并参与造词，如社会上出现的“工作服”“工作帽”“工作台”“工作日”等就是这种情况，这就是说，由于“工作”是一个基本词，它就更有可能转化成为词素来参与造词，从而使“工作”以词的身份成为产生新词的基础。有许多合成式基本词的情况大致都是这样。当然，当合成词以合成词素的性质参与造词时，这一词汇成分就同时可以具有两种不同的功能和性质，它参与造句时是词，参与造词时就是词素，如“工作”这一成分就是如此。

2. 一般词汇

一般词汇是相对于基本词汇来说的，它的范围较基本词汇而言要窄一些，使用频率也相对低一些。但在数量上，一般词汇却比基本词汇要庞杂得多。具体说来，一般词汇主要包括以下几方面的内容。

(1)固有词

这类词是从历史上承传下来的，具有一定的历史。它们在各个历史发展阶段中形成后便被不断地稳固和承传下来，因而也具有一定的普遍性。但相比基本词汇而言，其普遍性要相对弱一些。例如，“夫人”“借鉴”“感慨”“诞辰”“颜面”“昂扬”“底稿”等。

(2)新词

这类词是为适应社会交际需要而产生的，具有一定现代性的、有一定新的形式和意义的词或短语。需要注意的是，这里所说的新词的“新”是相对的，一般指中华人民共和国成立至今的一段时期内，产生的新词，如“防火墙”“多媒体”“下岗”“转型”“安乐死”“出台”“注水”“下载”“网游”“给力”“抢手”“造势”等。

(3)古语词

古语词一般就是指过去曾经运用过而现在已经不用的词。由于交际的需要，在某些场合，人们也可能重新使用某些古语词，这就有可能使古语词成为某一时期语言的一般词汇中的一个组成部分。因此古语词这一概念应该包含着两种含义：一种是从历时的角度讲，汉语词汇中的古语词就是指历史上曾经出现过而现在已经不再使用的词，其中有的词也许会根据社会的需要而被重新启用，也有的词则会不再被运用了。另一种从共时的角度讲，是指某个时期的语言词汇中包括的古语词，也就是指在这个时期内被重新运用的古语词，这些古语词都是该共时语言词汇系统中的一个组成部分，所以这种从共时角度讲的古语词，只能是指那些被共时社会重新启用了的古语词。例如，“天宫”“龙王”“天王”“王母”“天将”“龙女”“宰相”“青楼”“书童”“巡捕”“上朝”“接旨”等。

(4)方言词

方言词指那些本来只用于汉语方言，后来才进入汉民族共同语——普通话里并被广泛使用的词语。它们是社会共同语词汇系统中的组成成分，和存在于各地域方言中的方言词性质是完全不同的。例如，“搞”“垃圾”“名堂”“把戏”“尴尬”“瘪三”“二流子”“亭子间”等，都是从各地域方言中吸收到共同语里来的，尽管它们作为各地域方言中的方言词也仍然存在于各地域方言中，并继续被使用着，但是它们在现代的共同语中却也是一般词汇中的一个不可缺少的组成成分。

(5)外来词

外来词也称借词，是从外语或外民族语言中借来的词语。汉语中的外来词在汉代就已经出现，如“葡萄”“石榴”“苜蓿”等就是从西域借入的，之后各个朝代也陆续有所使用。改革开放以后，随着中外交流的日益加深，海外新文化、新思想也对汉语词汇产生了较大影响，产生了许多外来词。例如，“咖啡”“吉他”“奥林匹克”“雪碧”“的士”“拷贝”“俱乐部”“维他命”“啤酒”“高尔夫球”“蹦极”“酒吧”“无产阶级”“民主”等。

对汉语来说，外来词的产生就是在原来外语词的基础上，将一个外语词重新改造并汉化为外来词的造词过程，汉语的外来词必须经过这个汉化过程之后，才能够被创制而成，所以汉语中的外来词是汉语词汇中的词，它也是汉语词汇系统中的一部分，它和外语词虽有联系但绝不等同。

（二）固定结构

除了词的总汇之外，现代汉语的另一个重要内容便是各类固定结构，它主要包括成语、惯用语、谚语和歇后语、专门用语以及习用套语等。

1. 成语

现代汉语词汇中的成语，大都是久经汉族人民使用、反复锤炼形成的，是人们为求“多快好省”地运用语言的产物。人们在语言实践的过程中，把一些复杂的概念，概括在短小精练、生动活泼的词组中，一方面准确、鲜明、生动地表达出了这个概念，另一方面增强了语言的表现力和感染力，大大丰富了汉语的表现能力。例如，“尽力而为”的意思就是“用尽全力去做”；“化险为夷”的意思就是“化险阻为平易，化危险为平安”；“画饼充饥”字面义是通过画张饼子来解除饥饿，比喻以空想来自我安慰，不解决实际问题；“窗明几净”字面上是说“窗”和“几（小桌）”很干净，实际上是借用“窗”和“几（小桌）”指代房间，它的真正意义是形容房间干净明亮。

2. 惯用语

惯用语也是一种具有固定的结构形式和完整意义的固定词组。在结构形式方面，汉语的惯用语多以三音节的格式为主，如“障碍物”“私有制”“集中营”“势利眼”“传声筒”“闭门羹”“唱高调”“试金石”等。当然，也有一些惯用语是由四个或四个以上的音节组成，如“吃哑巴亏”“皮笑肉不笑”“唱对台戏”等。

从意义上看，惯用语与成语都是表达一般的概念，有一定的描述性。可是，惯用语意义的凝固程度要高些，它的意义更加概括，超脱了原构成材料的意义而升华为新的整体意义。这是惯用语显著的特点，几乎无一例外。可是有些成语有这个特点，有些成语就不具备这个特点。例如,“挖墙脚”是“用坏手段让某个集体或个人垮台”的意思,不是真用铁锹或其他工具挖墙的根脚;“打秋风”的含义与“秋天的风”毫无关系,是指“利用关系、借口向人索取财物”;“敲边鼓”并不是真在敲打鼓的边,而是“从旁给人帮忙”的意思,等等。惯用语意义上的这个突出、鲜明的特点,是有群众基础的。而有不少的成语的意义,从字面上可以直接理解到,不超脱构成该成语的构成成分的意义,如“明辨是非”“不省人事”“不知好歹”“胆小如鼠”“精明强干”“凶多吉少”“无恶不作”等。

3. 谚语

谚语是人们口头上流传的一种具有特定意义内容和固定结构形式的句子。“新官上任三把火”“家家有本难念的经”“冬吃萝卜夏吃姜,不劳医生开药方”“人不可貌相,海水不可斗量”“耳听为虚,眼见为实”“磨刀不误砍柴工”等。

在意义方面,因为谚语总是以整体的形式出现的,所以它的意义都是特定的和完整的。有的谚语,其含义可以从它组成成分的意义上得到了解,“如浪子回头金不换”“吃得苦中苦,方为人上人”等。也有的谚语,其含义是在字面意义的基础上,进一步引申比喻而成,因此都比较抽象概括,如“种瓜得瓜,种豆得豆”“众人拾柴火焰高”等。

尽管这两种情况有所不同,但它们在内容上所表示的都是人们长期生活经验的总结。它通过句子的形式,或者表示出一个判断和推理,或者在具体形象描写的基础上,通过引申和比喻,告诉人们一个必然的道理和规律,所以谚语的内容一般都比较丰富深刻,寓有哲理的意味。

4. 歇后语

歇后语是广大人民群众在丰富的社会生活实践中创造出来的现成话,是作为交流思想的固定的造句材料,同成语、谚语、惯用语一样，是词汇体系中的特殊成分。

歇后语的形式也是比较固定的，但也有些歇后语存在不同的形式，不过差别不大。如“老王卖瓜——自卖自夸”也可以说成“王婆卖瓜——自卖自夸”，“泥菩萨过河——自身难保”也可以说成“泥菩萨过江——自身难保”。

从意义方面看，歇后语的前一部分都是对意义的引申和比喻，后一部分才是被引申比喻的正意所在。前后两部分通过引申比喻和被引申比喻的关系联系在一起，形成一个整体。例如，“哑巴吃黄连——有苦难言”，它要表示的意思是后一部分“有苦难言”，但却在前一部分先用了非常形象的“哑巴吃黄连”来进行比喻，前后两部分结合在一起，不但加重了语义，而且生动形象，给人们留下了很深的印象。还有的歇后语，除了运用引申比喻之外，还使用了谐音双关的手法，从而使意义表达上不但生动形象，而且含蓄诙谐。如“电线杆上绑鸡毛——好大的胆(掸)子”，它的前一部分的比喻是说明“掸子”的，然而由于“掸”“胆”同音，因此又用了谐音双关的手法转而说明了“好大的胆子”。用这种巧妙的方法组成的歇后语，寓意深刻，耐人回味，具有很强的修辞效果。

5. 专门用语

专门用语主要包括学科或行业术语与专有名称两大类，其形式也是固定的。学科或行业术语是指某些学科或行业使用的比较专门的术语，如“第三世界”“社会主义”“欧洲大陆”“新疆维吾尔自治区”“高原气候”等。

从语法性质上看，专门用语大多是名词性的。学科或行业术语表达意义比较专业，外行人不一定能准确理解和使用，但其中有不少在日常生活中也很常用，如“社会主义”“按劳分配”“商业贷款”“二氧化碳”等。

6. 习用套语

习用套语就是社会上人们习惯使用的现成话。这些套语都是在社会上被长期使用后约定俗成下来的，也是被固定化了的定型的词组或句子，它们和所有的相当于词的作用的固定结构的性质一样，都是组成言语的备用成分，因此它们也应该是词汇的成员。例如，“您好”“再见”“请进”“请坐”“对不起”等。当然，社会上使用的各种各样的套语很多，像人们见面时打招呼经常用的“吃饭了吗？”“上班去啊！”之类的套语，由于它们作为言语组成的备用成分的性质极弱，所以有人认为不应该把诸如此类的套语也包括在词汇范围之内。

二、汉语词汇的单位

（一）字

在中国现代语言文字学产生之前至少两千年的历史中，人们习惯于说“字”，并让它指称20世纪初才产生出来的“词”“语素”之类的名词术语所指的对象。字从来不仅指文字学意义上的那个符号形体，而且也充作语言学意义的单位，如常有人说“我的话，他一个字也没听懂”“你说的这一番话，对方一个字也没落下，全听进去了”，句子里的“字”都非文字形体之意，而是语言词汇单位之意。就连《现代汉语词典》第5版也为“字”设立了一个“字眼；词”的义项，承认它并不仅指文字形体符号。

字的语言符号性质类似于词，却不完全等同于词。在具有意义这一点上，字近于语素，但两者并不时时处处都能划等号。语素的定义是语言中最小的音义结合体。举凡语言中存在的音和义的结合体，只要这个结合体是最小的、不可再行分割的，便是语素。而字与字组合成词要受字义的制约。具体来看，在现代汉语中，字与字组合成词的模式有如下几种。

第一，有义字＋无义字，如“磅秤”“玻壳”“啤酒”“砂糖”“瘫痪”“驼峰”“傣文”“侗族”。

第二，有义字＋有义字，如“人民”“吃喝”“多少”“幸福”。

第三，无义字＋无义字，如“琉璃”“峥嵘”“蝾螈”。

第四，有义字＋弃义字，如“酒吧”“沙皇”“摩的”“礼服”。

第五，无义字＋弃义字，如“扎啤”“氧吧”。

第六，弃义字＋弃义字，如“坦克”“马达”“哈达”“冬不拉”“盘尼西林”。

字的构词能力的大小，与该字是否能够独用有关：一般地说，能独用的字，构词能力会强一些，不能独用的，构词能力相对来说就会弱一些。例如，“翱”只能与“翔”组合成“翱翔”；“鏖”只能与“战”组合成“鏖战”；“徕”只能与“招”组合成“招徕”；“睐”只能与“青”组合成“青睐”。而“翔、战、招、青”的构词能力远胜“翱、鏖、徕、睐”。当然，今天看来组合功能弱的字，历史上未必也一样弱，有的甚至完全可以独立使用，如“徕(来)”在《论语·季氏》中就出现在“故远人不服，则修文德以来之”的句子里。甚至无义字亦可在一定条件下构成复合词，例如“叮咛”“嘱咐”都是联绵词，但是由上述两词的构词要素构成的“叮嘱”却是复合词。

有的字今虽不独用，但其构词能力并不低下，如动词性的“就”可构成“就餐、就读、就戮、就刑、就学、就义、就浴、就诊、就职”等；相反，今日经常独用的一些字，却不一定有多大的构词能力，例如“的、也、吗、呢”。当然，也有在历史上独用而没有多大构词能力而在后来发展为构词能力超强的情况，如“零”，近年来发展到可构成“零距离、零接触、零付出、零支付”等。

(二)语素

语素是汉语中最小的音义结合体，是最小的语言单位。比如“我是中国人”这个句子中就包含了“我”“是”“中”“国”“人”这五个语素。它们各自既有声音又有意义，比如“人”的语音形式是“ren”，它的意义是“能够制造工具并使用工具进行劳动的高等动物”；而且各自都不能再被分割为更小的音义结合体，所以各为一个语素。“人”的语音形式“rén”，虽然可以再分解为“r”“e”“n”等音位，但它们只有音，并不与特定的意义相联系，而“人”的意义虽然也可以分解为“能够制造工具”“高等动物”等义素，但它们也不与特定的语音形式相联系，所以都不是语言中最小的音义结合体。

现代语言学认为，词是最小的能够自由运用的语言单位。准此，所有被称作自由语素而能单独出现的字（如“人、吃、大、很”）都是词，所有由被称作黏着语素的字相互组合而成的单位（如“民生、浪迹、旅次”），所有由被称作自由语素的字与被称作黏着语素的字组合成的单位（如“开赴、流逝、敢于、阿飞”），甚至由部分被称作自由语素的字相互组合起来的单位（如“忙乱、家产、高大、心肠”），只要它们彼此间的结合是紧密的，或者说它们结合后产生了新的意义，只要它们具有自由运用的资格，就都能为一般学者和普通人认定为词。上边列出的词，实际上可分为两类：一类是单字词，一类是复字词中的合成词。绝大多数的单字词都是由有义字充当的，只有少数无义字或弃义字在一定条件下才具有充任单字词的资格。现代语言学又认为，语素是语言中最小的音义结合体；词汇范围内所谈的语素分为自由语素和黏着语素，成词的是自由语素，不成词的是黏着语素。然而，成词的虽然一般是自由语素，但自由语素却未必一定成词。不少自由语素既可直接充当词，亦可作为词语的构件用于构词造语，例如“人民性”的“人民”，“公路段”的“公路”，“飞行器”的“飞行”，“笔记本”的“笔记”。不成词的尽管一般是黏着语素，但黏着语素却不见得不能成词，相当数量的黏着语素也具有词一样的功能，如“分道而行”的“行”，“殷实之家”的“之”，“眼耳鼻舌身”的“耳、鼻、舌、身”，“听我慢慢道来”的“道”，很难有独立地自由运用的资格，但却可以出现在上述未必是熟语性的组合中。可见，将语素分为自由语素和黏着语素，仍旧无法彻底解决何者是词何者不是词的问题；更何况当被视作语素的字成词时称其为“词”，当被视作语素的字不成词时又称其为“素”，有违逻辑，容易造成混乱。

（三）词

词是语言中能够独立运用、能够单说独用的单位。但是，成语这样的单位也能独立运用,也能单说独用。因此,词的定义还要加上一句:它从一个更大的组合中拆下,而仍可独立运用,仍能单说独用的单位。词,一般在语句中独立或与其他成分一起充当某个直接组成成分。独立充当语句的直接组成成分的,自然就是词;与其他成分一起充当某个直接组成成分的,则还需再加分解成单纯而可独立的成分,方为词。

从意义上看,词具有意义的专有性。所谓意义的专有性,是说词的意义不是构词语素意义的简单相加,而是有其特定的、固有的意义。例如,“墨水”“水泥”“老虎”“东西”。从结构上看,词具有结构的整体性。所谓结构的整体性,就是说词在实际交际过程中是作为一个整体来使用的。词的中间既不能插入其他成分进行扩展,也不能随便调换构词成分的语序,否则就不成为词,或者改变了原来的意义。例如,“开关”“同学”“轻视”。从使用上看,词具有使用上的现成性。所谓使用上的现成性,是说词是现成存在的语言单位,是定型的语言材料,而不是临时构成的。比如“螺丝刀”是词,因为在我们的词库里已经存在着这个词;而“上螺丝的工具”是临时组合起来的,是词组。

(四)熟语

一般认为,词和语都属词汇。因为举凡在语句中独立充当一个语句的直接组成成分的单位便属词汇,而词和语一般都可独立充当一个语句的直接组成成分。这样的说法,看到了词和语的同——词和语一般都可独立充当语句的直接组成成分,却掩盖了词和语的异——词在语句中可独立充当一个最简单的句法成分,语在语句中,或常独自成句,或虽可在一个语句中充当其句法成分,却不是最简单的句法成分。因此,熟语虽因其与词存在相似性而可置于词汇中一并研究,但其特殊性不可忽略。也正因此,熟语被一些学者称作特殊词汇。

一个词汇单位,短可是一个字,长可是一个熟语。形制近者性质类似,形制远者性质相异。双字词与三字词形制接近,它们的某些性质自然也接近，而单字与熟语形制相去遥远，它们的某些性质自然也就很难有接近的可能了。虽然三字词汇单位、四字词汇单位存在是词还是熟语这样定性上的麻烦，但从总体上看，词和熟语不完全相同，彼此间是存在着不小的区别的。一般地说，词汇单位的形制越长，就越可以完整地表意，越能从句法上对其内部结构做出解释，这是因为那形制较长的词汇单位往往是由原先的句子直接凝固而成的，其结构就愈接近自然语句的结构；词汇单位的形制愈短，就愈不易完整地表意，愈不能从句法上对其内部结构做出解释，而需以释义的方式注出，这是因为那形制短小的词汇单位往往不是由原先的句子直接凝固而成的，其结构就愈远离自然语句的结构。例如“泥土、洄游”这样的词，解释起来就不像熟语那样容易，即使像“日全食、抛物线”这样的词汇单位，也不好说是由于古人的言语的句子直接凝固而成的；而熟语所表示的意义似乎就无需过多地解释，即使它们采用的是非字面的表意法，如“杯酒释兵权”“良辰美景奈何天”“人人为我，我为人人”“长江后浪推前浪，一代更比一代强”。

第四节　汉语词汇的发展与演变

现代汉语词汇的形成与汉语词汇的发展与演变密切相关，在此过程中，伴随着新词的产生、旧词的消亡和词义的转变，现代汉语词汇也在不断向前发展。只有了解现代汉语词汇的发展与演变的知识，才有助于我们更好地把握现代汉语词汇的总体发展态势。基于此，本节主要对现代汉语词汇的发展进行分析。

一、汉语词汇发展与演变的原因

客观来看，任何一门语言在其发展的过程中，总是处于不断变化之中的。现代汉语词汇也是如此，伴随着社会的发展和语言交际需求的变化，现代汉语词汇也在不断发展。而推动其发展与演变的原因总体上来说则主要包括以下两方面。

(一)汉语词汇自身发展的需求

词汇是语言系统中一个重要的子系统，而在其系统内部，语音因素、语义因素和语法因素又构成了现代汉语词汇的内部系统。伴随着现代社会的快速发展，社会生活日益复杂，一成不变的语音形式的有限性与交际需求便会发展产生矛盾，而这一矛盾会对现代汉语词汇系统的发展变化产生内在推动力，促使现代汉语词汇不断向前发展。例如，社会交往需求的日益复杂使得词义的增加远远高于词形变化的速度，这势必造成单音节词词义不断引申，成为多义词。语法因素表现为汉语词法与句法的一致性，这使短语和略语转化为词。

(二)外部因素的影响

除了词汇内部系统自身发展的需要之外，现代汉语词汇的发展与演变与一系列外部因素也具有十分密切的关系。可以说，这些外部因素的存在也是推动现代汉语词汇不断发展的重要原因。具体来看，这些外部因素主要包括以下几方面的内容。

1. 社会的发展变化

语言是随着社会的发展而发展的，而词汇最能体现语言发展的这一特点，词汇的发展无时无刻不受到社会发展的影响，社会的变化会在词汇的变化中映射出来。甚至可以说，一个时期的词汇往往可以成为反映这一时期社会生活面貌的“晴雨表”。例如，改革开放后，我国进一步确立了“科技兴国”的战略方针，大量引进国外先进科学技术，同时大力鼓励科技人员进行科学研究，争创科技成果。新科技的出现必然促使诸如“云计算”“互联网经济”“三维打印”“三网融合”“细颗粒物”“蓝色经济区”等大量科技新词的产生。

又如，中华人民共和国成立初期，我国采取了向苏联一边倒的外交政策，促使汉语中出现了不少受俄语影响产生的外来词，如“布拉吉”“喀秋莎”“文化宫”等。十年特殊历史时期，由于极“左”路线占主导地位，外来词几乎无缘产生。改革开放以来，国门敞开，掀起了又一次吸收外来词的高潮，例如“迪斯科”“卡拉OK”“克隆”等，这些外来词的产生，都来源于社会之间的接触和交流。全球一体化是当今世界发展的宏观背景，在此背景下我国与世界的联系更为紧密，反映到语言上就表现为外来词以及字母词数量的不断增加。近年来汉语中字母词的数量迅猛增加，这反映了我国与国际接轨的步伐越来越快，国际化程度也越来越高。

2. 心理因素

心理因素也是引起词汇发展变化的一个原因。具体来说，首先，人们总是有种求雅的心理，自觉地摒弃粗俗语，使用委婉语，如用“荣誉军人”尊称伤残军人。其次，求新心理，为了新颖、突出时代感，对事物重新命名，如媒体上如今多用“资讯”“信息”而少用“消息”，多用“走势”少用“趋势”，多用“构想”少用“设想”等。再次，由于赶时髦的心理，还引进了不少词，如“的士”（出租汽车）、“巴士”（公共汽车）、“镭射”（激光唱片）、“克隆”（无性繁殖技术）、“耐克”（运动品牌）、“厄尔尼诺”（太平洋暖流）、“马赛克”（一种图像处理手段）、“比基尼”（泳衣）、“拜拜”（再见）、“因特网”（互联网）等，并且有的还派生出新词，如“打的”“中巴”等。最后，求简心理，在求简心理的驱使下，新造了不少简缩词，尤其是改革开放后，简缩词大批涌现，如“超级市场（超市）”“白骨精（白领、骨干、精英）”“非典（非典型性乙型肝炎）”“反恐（反击恐怖和极端组织主义行为）”“电商（电子商务）”“房改（住房制度改革）”“白托（白天托管）”“神九（神舟九号飞船）”等。

3. 人们认识的发展

语言是人类进行思维的工具，而人的思维能力随着社会的发展也在不断发展，这些都在语言中尤其是词汇中体现出来。词是表示概念的外部形式，当人们对事物有了新的认识时，往往会促使词义的深化。比如，随着科学的进步，人们对自然现象的认识更趋于深刻和全面，像“风”“水”“电”“地震”，我们现在对其的认识肯定超越了之前。观念的变化也会引起词汇的变化，比如，之前用以称呼妻子的“贱内”“糟糠”等词反映出男尊女卑的封建观念，随着男女平等观念的深入人心，这些词已经不再使用了。熟语的意义容量比一般词语要大，因而思想观念的变化在熟语中体现得更为充分，例如“人人为我，我为人人”等熟语的出现，表现了人们团结友爱、助人为乐的社会主义道德新风尚。

二、汉语词汇发展演变的表现形式

总体上来看，现代汉语词汇一直不断地发展变化，其发展演变的形式主要有三种，即新词的产生、旧词的消亡和词义的演变。

(一)新词的产生

纵观现代汉语新词产生的情况，大致上可将其归为以下四类。

1. 社会发展需要推动的新词

社会在发展变化，经常会出现新事物、新思潮，这就需要与之相应的词来表达，新词便在这种情况下不断产生。例如，受西方近代思潮的影响，产生了“民主”“人文”“平等”“自由”等新的抽象词，改革开放以来出现了“两个文明”“反腐倡廉”“一国两制”“回归”“接轨”“特区”“炒股”“资源共享”“远程教育”“丁克家庭”等。2008 年北京奥林匹克运动会的召开，出现了一大批新词新语，如“水立方”“鸟巢”“福娃”“奥运场馆”“北京奥运”等一系列关于奥运的新词语。当今世界科学技术迅猛发展，给汉语词汇输入了不少养分，与科技有关的词汇大量涌现，如“克隆”“太空婴儿”“试管婴儿""微软""电子秘书"等。尤其是网络这一现代技术发展起来并在生活中广泛运用后,与之相关的新术语更是数不胜数。

2. 旧词语义的增加和情感色彩的变化造就的新词

除了社会发展的表达需求之外,还有部分新词的出现是因为旧词语增加新意义而产生的。例如,"前卫""灌水""恐龙""青蛙""磨合""打造""漫游""冲浪""防火墙"等,这些词因为增加了新的义项或被赋予新意义而拥有了新的意义。此外,还有一些词语由于观念和情感的变化使用范围发生变化,像过去一直称身体某些功能有缺陷的人为"残废",这个词中的词素"废"给人以消极暗示和歧视的意味,因此后来逐渐用"残疾"代替了"残废"。

3. 吸收其他语言或方言而形成的新词

在人类社会的整个发展过程中社会之间不断地接触和交流。外民族对某个概念有了一定的认识,然后赋予它一定的形式即外语词,而汉语中没有这样的词来表达这个概念,此时就需要借用外语词。外来语进入汉语的方式主要有纯意译、意音兼译、纯音译等。意译的如:"污染""代沟""软饮料""吉祥物"等,音译的如"酷""粉丝""黑客""博客""纳米""拜拜""比基尼",音意兼译的如"保龄球""艾滋病""鸡尾酒""黑色幽默""丁克家庭"等。一般说来外来词被汉语吸纳有一个规律:最初以音译词的形式出现,后逐渐被音意兼译或纯意译的形式替代。

方言词语原本在一个较小的区域内使用,有些方言词所具有的某种特殊表现力或特殊表现范围不是普通话词汇所能企及的,所以方言词源源不断地被全民用语吸收。这类新词语包含两个小类:一类是地域方言词,例如,北京方言词"侃""托儿""有戏""歇菜""悠着点"等;粤港台方言词"靓""搞笑""搞定""光鲜""开涮""入围""穿帮""八卦""埋单"等。另一类是社会方言词,如"牛市""熊市""套牢""盘点""充电""登陆""软着陆"等。随着市场经济的进一步发展,随着大陆和港台联系的更加密切,还会有更多的方言词汇涌入普通话。

4. 因力求简约而造出的新词

在生活节奏愈来愈快的当今社会，凡事人们都讲究效率，力求省时省力。这种习惯在语言文字的处理中也不例外。人们往往把以往需要两个或多个词表示的短语用语素叠加的方式创造新词，出现了下面一些新词语。例如，“博导”“国企”“体彩”“家居”等。不少年轻人对汉语拼音字母进行缩略，产生了汉语拼音缩略语的表达方式，例如“MM（妹妹）”“GG（哥哥）”“JJ（姐姐）”等。

（二）旧词的消亡

有的词语不能反映社会现实，不再符合时代的要求，它们或者消亡，或者成为历史词语被限定在一定范围内使用。具体来看，旧词的消亡主要有以下几种情况。

1. 瞬间词的流逝

有一些词语在一定的历史时期短暂存在。例如，“样板戏”“保皇派”“红卫兵”“文斗”“武斗”“走资派”“忠字舞”等，这些词在我国某一时期风行一时，之后这些词语便逐渐消失不见了。

2. 事物的消亡

有些词反映的事物随着社会的发展已经逐渐消亡，这些词也逐渐从现代汉语中消失了。例如，“鼎”“敦”“鬲”“爵”所代表的古代食器今天已经不再使用，所以，这些词也就在现代汉语里消失了。又如，“交通站”（地下工作联络地点）、“消息树”（解放区村口警报用）等事物已然不存在了，因此，反映它们的词也就消失了。

3. 词汇系统的调整与规范

由于各种原因，一个概念出现了多个表达方式，即几个词共同表达一个概念，那么这些等义词必然要进行规范，调整规范的结果，一般是一个被保留，其他被逐渐淘汰下去而消亡了。此外，许多带有外语色彩的词，也往往会在规范和约定俗成中逐渐消亡下去，例如现在通用“电话”，而“德律风”已被淘汰不用了。

4. 名称的改换

同一件事物，今天的称谓可能由于各种不同的原因与过去不同，这种名称的改换就形成了旧词的消亡。例如，“洋烟——香烟”“洋火——火柴”“洋油——煤油”“洋蜡——蜡烛”“原子笔——圆珠笔”“电驴——摩托车”等。

5. 委婉应用

为了避免言语中出现低俗、露骨、色情的成分，增加可接受性，我们经常采用委婉语。最常见的现象“死”，语言学家大略做过统计，可达数十到一百多种表示方法，汉语古今表达“死”概念的词，像“宾天”“不禄”“归道山”“登仙”等都是已逝的词语。

6. 术语改善

早年我国从西方和日本翻译过来的术语多有不尽人意的地方，时至今日很多都已经消亡。例如，“海蓝——碘”“盐气——氯”“轻气——氢”“养气——氧”等。

7. 译名变动

在现代汉语中，外来词的译名变动是十分显著的。例如，“天船——热气球”“龙嘴——水龙头”“重学——力学”，这些词有些是音译过来的，有些是人们根据事物的形状或状态而命名的，此类词语往往让人费解，故而有些译名的变动也就在情理之中了。

(三)词义的演变

1. 词义缩小或扩大

伴随着社会的发展，有些词的词义较原义有所缩小或扩大，从而使得词汇的词义发生变化，这是词义演变的一种重要形式。例如，“丈夫”这个词的本义是指“成年男人”，现在一般专指“妻子的配偶”；“妻子”本义是指“妻子和儿女”，现指“丈夫的配偶”，它们的词义都比原来缩小了。又如，“颠”，本义为“人头顶”，现在词义扩大为“任何事物的顶部”；“本”的本义是“树根”，后来引申为“事物的根本”“本钱、本金”“成沓的纸订成的东西”等，词义有所扩大。

2. 感情色彩变化

由于风俗习尚和社会思潮的改变，往往引起人们对事物的爱憎与善恶评价的变化，从而影响词义褒贬的更替。具体说来有以下形式：由贬义变为褒义，如“锻炼”，古义有玩弄法律诬陷人的意思，今则用为褒义，由中性变为褒义。又如“卑鄙”，古时表示地位低下，见识浅陋，并无贬义，现在则指品质恶劣，变为贬义词。

3. 词义转移

词义的变化除了扩大和缩小之外，有时还能从原来的意义转移到别的意义上去，即由甲义转到乙义，甲、乙虽可能有一定的关联，但已分属不同的范围。如，“走”表示跑，现在是表示行走。“脚”表示小腿，现在是表示足掌。“狱”表示案件、官司，现在是表示监狱。

第五节　汉语词汇在语言学中的地位与作用

一、汉语词汇在语言学中的地位

汉语词汇是现代汉语的语言要素之一，这一点在汉语运用的实际情况中表现得非常清楚。在日常生活中，人们进行交际的时候，最直接的做法就是用语法规则把一个个的词组织起来，形成一句句的话，以此进行相互交际。所以直接参与交际过程的单位应该是词和语法。不过这样说并不是把语音和语义排除在外，不可否认，语音和语义也是直接参与者，因为词本身就是音和义的结合体，没有音和义就没有词，但是一旦音义结合形成词后，词却成了直接参与交际的单位，语音和语义则只能是它的一个组成部分，而不能成为直接参与交际的独立单位。试想一下，如果只有不表义的音，是无法用来组成句子进行交际的，至于只有语义的情况，那更是不可想象的。根据这种语言事实，因此应该说，语言的组成要素首先是由语音和语义形成词汇，词汇和语法才是直接的组成语言的要素。

二、汉语词汇在语言学中的作用

词汇是语言的组成要素之一，及时而准确地为语言提供造句的材料应该是词汇的主要功能，这已是不可否认的事实。也正因如此，所以词汇反映社会是最敏感的，它几乎处在经常不断的变动之中，否则词汇的能力和它的功能就会产生矛盾，它就需要从各个方面进行自我调整。

但是词汇在语言中的作用并非如此，事实上词汇和语言的各个方面都有着各种各样的联系。其原因就在于词是一个音义结合体，就在于词汇是语言参与交际的最直接最实际存在的单位，词汇是语言的各种成分的具体体现者。

由于词是音义结合体，所以在了解和使用词的时候，对它的语音和语义都不可能忽视，词本身就是语音和语义的载体，对语言这一交际工具来说，离开词，语音和语义都无法体现。当然，如果没有语音和语义，词也无从产生：在词中，语音和语义得到了和谐的统一。因此在语言运用中，人们在接触词的同时，也自然地接触到了语音和语义。

由于词是造句的单位，因此人们的每一句话，都是在语法规则的支配下组词而成的。从实际情况来看，语言中的语法规则，体现在人们一句句的言语之中，体现在词与词的组合之中，所以可以说，词汇是最实际的成分，是词的组合使抽象的语法规则成为现实。

至于语言的应用及其书面形式文字方面与词汇的关系也是毋庸讳言的。只有对词进行具体的运用，才能反映出语言应用中的各种现象；不仅是词的运用情况，而且也可以通过词来观察语音、语义、语法、修辞乃至文字等方面的运用和发展变化情况。至于文字，它是记录语言的书面符号，所以在书面语言中，文字的功能要求它首先记录的也应该是词，特别是汉字更是如此。

第二章　基于功能视角的现代汉语词汇构词与造词研究

语言是一个符号系统，这系统中的基本单位是词，词是言语活动的基础元素。语言的词汇是语言中最活跃的部分，它随着社会的发展和新事物的出现而不断产生新的词语，以满足社会的交际需要。人们通过造词活动创制新词，社会共同将词组约定成词，词的构形形式在使用中也会逐渐演变为独立的词。在功能视角下，现代汉语词汇构词与造词都是重要的研究内容。

第一节　现代汉语词汇的构词研究

所谓构词是指词的内部结构问题。它的研究对象是已经存在的词。现代汉语词汇的构词研究范围和内容就是对现有词的内部结构进行观察和分析，总结出词的内部结构规律。构词问题和造词问题不同。因为造词是人们适应社会交际的需要而进行的一种活动，所以社会上的每一个成员都可以进行造词。但人们并不关心词的内部结构形式如何。实际上，构词问题的研究成果不但使人们能够更清楚地认识词、分析词，同时也能为人们的造词活动提供可遵循的规律和科学的根据。

一、词的结构要素和结构模型

(一)词的结构要素——词根和词缀

词是由语素、词素构成的。但是在构词的时候,并不是所有的语素、词素都起着一样的作用,其各自的地位也分高低。据此,构词的语素、词素可以分为词根和词缀两种。词根是体现词基本意义的语素、词素,为词的核心部分;词缀是附加在词根上表示某种附加意义的语素,为词的附属部分。每个词至少要有一个词根,词缀不是必备的。也就是说,词根是必有的构词语素、词素,词缀则是可有的构词语素。

(二)词的结构模型——单纯词和合成词

词根据其构造的情况,可以分为两大类:单纯词和合成词。由一个语素构成的词叫单纯词,由两个或两个以上的语素构成的词叫合成词。关于单纯词和合成词的类型及其构成方式将在后文进行具体的阐述。

二、构词法

构词法是分析构词成分的性质、构词成分之间的结构关系的方式和方法。语言中的每一个词都是构词法研究的对象,对每一个词都可以从构词的角度做内部结构的分析。例如,“插秧机”一词,从构词的角度分析,它是一个偏正式的复合词,“插秧”是偏的部分,“机”是正的部分,“插秧”是限定说明“机”的。进一步分析,偏的部分“插秧”的内部结构又是一种动宾式,“插”是动的部分,“秧”是宾的部分。

汉语的构词法可从以下两大方面进行分析。

(一)语音形式方面

语音形式方面可从音节的多少、音节之间的结构关系进行分析。

1.从音节的多少分析

从音节的多少分析,可分为单音词和多音词。由一个音节构成的词称为单音词。如"天、地、人、手、树、鸟、车、船、红、绿、高、长、一、二、千、百"等。由两个或两个以上的音节构成的词称为多音词。其中两个音节的称双音词或复音词,如"人民、哲学、客观、生活、建筑、麒麟、凤凰、坦克、纽约、卡片"等。三个音节和三个音节以上的称多音词,如"世界观、电视机、霓虹灯、摩托车、布谷鸟、南斯拉夫、奥林匹克"等。

2.从音节之间的结构关系分析

从音节之间的结构关系分析,可分为重叠式和非重叠式。

词的语音形式是由音节重叠而成的叫作重叠式。一个词的每个音节都加以重叠的叫作全部重叠式。

单音节重叠的词如:

弟弟	妹妹	星星	往往	哗哗	喋喋
侃侃	冉冉	巍巍	孜孜	翩翩	渐渐
耿耿	茫茫	悄悄	源源	草草	区区
娓娓	谆谆	迢迢			

双音节分别重叠的词如:

花花绿绿	星星点点	战战兢兢	唯唯诺诺
婆婆妈妈	病病歪歪	密密麻麻	满满登登
兢兢业业	影影绰绰	浑浑噩噩	恍恍惚惚
漂漂亮亮	摇摇晃晃	弯弯曲曲	

一个词中只有部分音节进行重叠的叫作部分重叠式，如：

绿油油　喘吁吁　雾蒙蒙　凉飕飕　冷丝丝
黑糊糊　活生生　泪汪汪　美滋滋　假惺惺
毛毛雨　哈哈镜　麻麻亮　甜兮兮　红乎乎
酸唧唧　滑溜溜

词的几个音节不相同的就是非重叠式的词，如“偶像、品质、物质、希望、鼓动、图书馆、打印机、天文台、向日葵、拖拉机、吉普车”等。非重叠式的双音词中，有一部分词又有双声或叠韵的关系。

双音词的两个音节声母相同者称为双声，如“蜘蛛、踌躇、坎坷、忐忑、含糊、蹊跷”等。

双音词的两个音节韵相同者称为叠韵，如“混沌、嘟噜、朦胧、徘徊、蹉跎、轱辘、葫芦”等。

在我国传统语言学中，只有由一个词素构成的双音词，才分析其双声或叠韵的关系。

（二）词素的多少方面

从词素的多少方面分析，也就是前文提到的单纯词和合成词。

1. 单纯词

单纯词又可分为单音节单纯词、双音节单纯词、多音节单纯词。单音节单纯词在单纯词中占的比例很大。这是因为在汉语中，单音节语素占绝大多数，所以单音节语素转化而成的单纯词也就很多。单音节虚词也都是由单音节成词语素转化而来的单音节单纯词。双音节单纯词大量地来自古代。其中大部分是一般常说的联绵词。除了常见的双声词、叠韵词、叠音词以外，还有一部分音译外来词。汉语中的多音节单纯词都是音译外来词。音译外来词既包括来自国外语言中的词，也包括来自我国少数民族语言中的词，如“布尔什维克、冬不拉、亚克西、巧克力”等。

2. 合成词

语素、词素构成合成词的方式有三种，即重叠、附加、复合，相应地，合成词也分为重叠式合成词、附加式合成词和复合式合成词。

（1）重叠式合成词。重叠式合成词是由一个词根重叠而构成的合成词。例如：

爸爸　妈妈　哥哥　姐姐　弟弟　妹妹　叔叔
姑姑　舅舅　婶婶　娃娃　星星　偏偏　刚刚
常常

重叠式合成词同叠音单纯词在语音形式和书写形式上是一样的，但二者的性质不同：重叠式合成词的两个音节独立的时候都有意义，是两个语素，如“刚刚”各自独立为“刚”都是有意义的；而叠音单纯词的两个音节独立的时候则没有意义，是两个音节而已，如“冉冉”各自独立为“冉”的时候是没有意义的。

另外，还要分清重叠式合成词和词的重叠形式。词的重叠形式是词进入句法结构时形式上产生的一种变化，这种形式变化一般都表达一定的语法意义，或者表示周遍意义，如“个个”“人人”；或者表示尝试意义，如“看看”“试试”；或者表示程度加深，如“高高举起”“干干净净”等。这种重叠以后产生的意义并不是词本身固有的，而是通过词形变化（重叠）才具有的。相比之下，重叠式合成词除了在感情色彩上略有区别外（这主要指表示称谓的重叠式合成词），词根和词根重叠并没有语法意义上的区别。

（2）附加式合成词。附加式合成词是由词根加词缀构成的，又叫派生词。

附加式合成词的构成方式有两种：前缀＋词根，词根＋后缀。

常见的构词前缀有四个：老—、阿—、初—、第—。前缀为“老”的通常表示人、动物、次第，如：

老师 老板 老乡 老婆 老虎 老鼠
老鹰 老大 老二 老三 老小

表示“年岁大、时间长、陈旧”等意义的“老”不是词缀，如“老化”“衰老”“老毛病”等。

前缀为“阿”的一般只用于表示人称的词语中，且多见于方言或少数民族地区，如“阿哥”“阿妹”“阿婆”等。

前缀为“初”的用于表示次第、序数，一般只用于农历每月开头十天的名称。表示开始或初中阶段的“初”不是词缀，是词根，如“初步”“初级”“起初”“当初”等。

前缀为“第”的表示次第、序数，用于数词前面。

常见的构词后缀有：—子、—儿、—头、—者、—化、—然，此外还有一些双音节后缀。

“—子”的构词类型有“名＋子”“动＋子”“形＋子”。“名＋子”的如“刀子”“帽子”“绳子”“票子”等。“动＋子”如“刷子”“夹子”“起子”“卡子”等。“形＋子”如“尖子”“瘦子”“胖子”等。表示人或颗粒状的事物的“子”是词根，不是词缀，如“原子”“松子”“女子”“败家子”等。

“—儿”的构词类型有“名＋儿”“动＋儿”“形＋儿”。“名＋儿”的如“棍儿”“花儿”“门儿”等。“动＋儿”的如“盖儿”“卷儿”“拍儿”等。“形＋儿”的如“错儿”“尖儿”“弯儿”“亮儿”等。词根“儿”表示儿童或年轻的人，不是词缀，如“幼儿”“女儿”“健儿”等。

“—头”的构词类型有“名＋头”“动＋头”“形＋头”“方位＋头”。“名＋头”的如“木头”“石头”“日头”“舌头”等。“动＋头”的如“想头”“听头”“干头”“盼头”等。“形＋头”的如“甜头”“苦头”“准头”等。“方位＋头”的如“上头”“下头”“里头”“外头”“后头”“前头”等。词根“头”表示动物的前部、人的顶部以及事物的顶端等意义，不是词缀，如“人头”“狗头”“心头”等。

“—者”的构词如“编者”“作者”“弱者”“长者”等。

“—子”“—儿”“—头”“—者”后缀构成的词都是名词。

“—化”类词基本上都是动词。“—然”类词基本上都是形容词或副词，如“忽然”“猛然”“突然”“断然”“飘飘然”。“天然”的“然”是词根，不是词缀。

双音节叠音后缀常见的如：

—乎乎	胖—	傻—	黑—	黄—
	辣—	热—	软—	粘—
	油—	肉—	气—	
—巴巴	干—	紧—	皱—	可怜—
—冲冲	气—	怒—	兴—	急—
—哄哄	乱—	闹—	毛—	臭—
—辣辣	热—	火—		
—溜溜	酸—	圆—	光—	
—腾腾	慢—	乱—	热—	

上面所说的叠音词缀构词情况，即一个词缀可以和多个词根组合。实际上，一个词根也可以加上不同的叠音词缀。例如：

红	—扑扑	—通通	—艳艳	—彤彤
乱	—哄哄	—糟糟	—腾腾	—蓬蓬
热	—乎乎	—腾腾	—哄哄	—辣辣

叠音词缀具有较强的表现能力，可以表现出鲜明的色彩、细微的感受等。

由上述举例的分析也可以看出，词缀可以标明词性，如词缀“—子”“—儿”“—头”就是名词的标志；词缀可以改变词性，如动词“刷、夹、扣”加上后缀“—子”就变成了名词；词缀可以表示范畴意义。如后缀“—化”就表示概括的变化意义。

从表义来看，单音节后缀表示的基本上都是类别意义或范畴意义，而叠音词缀表示的大多是感觉方面的意义。

(3)复合式合成词。这是词根加词根组合而成的合成词，简称复合词。最简单的复合词是由两个不同的词根构成的。词根和词根组合起来以后，词根之间就形成了一定的结构关系：主谓、动宾、中补、偏正、联合。据此，复合词也可以分为五种类型：主谓式复合词、动宾式复合词、中补式复合词、偏正式复合词、联合式复合词。其各自的特点如表 2-1 所示。

表 2-1　复合词类型举例及特点

类型	词例		特点
主谓式复合词	名词	地震、雪崩、海啸、日食、月食、霜降、冬至	前一个词根大部分是名词性的，后一个词根大部分是动词或形容词性的
	动词	眼红、体贴	
	形容词	民主、性急、胆怯、头疼、肉麻、心酸、手软	
动宾式复合词	名词	理事、知音、司机、导演、披肩	前一个词根基本上都是动词性的，后一个词根大部分是名词性的
	动词	起草、出席、报名、破产、美容、动员	
	形容词	动人、逼真、及时、露骨、悦耳	
中补式复合词	扩大、缩小、说明、识破、削弱、加强、改正、说服、冲淡、降低、提高		前一个词根基本上都是动词性的，第二个词根大部分是形容词性的
偏正式复合词	名词	飞机、白糖、黄酒、夕阳、铅笔、四季、西欧、快餐	可以容纳多种语义关系
	动词	轻视、复印、合奏、公演、酷爱、直播、函授、笔录	
	形容词	雪白、鲜红、滚圆、肤浅、飞快、冰冷、火热、喷香	
联合式复合词	名词	海洋、宇宙、报刊、路线、朋友、铺盖	构词的两个词根都是属于同一类别，同为名词性、动词性、形容词性词根等
	动词	纺织、书写、记录、忍耐、阻拦、追赶	
	形容词	巧妙、新鲜、骄傲、孤独、深奥、爽朗	

动宾式复合词比较复杂。这是因为汉语的动宾结构的语义容量很大，能够容纳多种语义关系。另外，汉语的动词性语素不仅能够同名词性语素构成动宾关系，而且也能够同动词性语素或形容词性语素构成动宾关系。

中补式复合词基本上都是动词。中补式复合词同中补词组的区分，一是看其结构的紧密性，二是看其意义的整体性。

偏正式复合词如果就其中心部分，可以分为三个小类：第一类是以名词性词根为中心，其“偏”的部分的意义是说明“正”的部分所表示的事物的特点、属性等，其作用在于限定、分类。第二类是以动词性词根为中心，其“偏”的部分的意义在于说明“正”的部分所表示的动作行为的特点，其作用在于修饰或描述。第三类是以形容词性词根为中心，其“偏”的部分的意义在于说明“正”的部分所表示的性质、状态的程度或特点，其作用在于强调、说明。

构成联合式复合词的两个词根之间的语义关系比较复杂，具体有相同关系、相关关系、相反关系、兼并关系。语义相同的如“海洋”“拥抱”“朋友”“追赶”等；语义相关的如“骨肉”“眉目”“宇宙”等；语义相反的如“呼吸”“大小”“矛盾”等；语义兼并的如“动静”“忘记”“好歹”“国家”等。语义兼并类联合式复合词称之为偏义复词。“洗澡”“睡觉”这类复合词本来是联合结构，但是在现代汉语中，这类词经常呈离合状态，后面一个词根逐渐名词化。

现代汉语由两个语素组合成的合成词占绝大多数，也有三个或三个以上语素构成的合成词，这时合成词的内部构成可以不止一个层次，各个层次都有自己的结构形式。例如，“太空服”的“太”修饰“空”，偏正型，“太空”修饰“服”。图示如下：

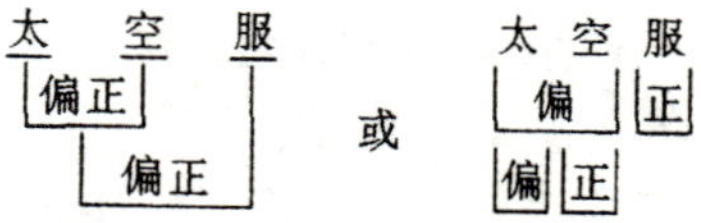

左图是从小到大的组合图，右图是从大到小的分析图，以下相同。

“碰碰船”中的“碰碰”重叠，“碰碰”修饰“船”，偏正型。图示如下：

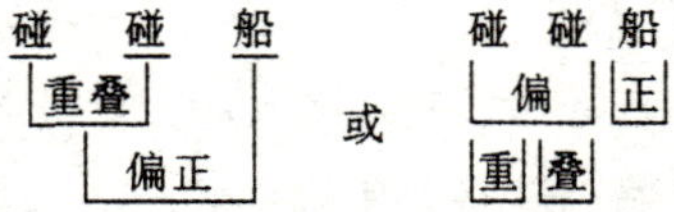

“燕子矶”中的“子”附加在“燕”后面，“燕子”修饰“矶”，偏正型。图示如下：

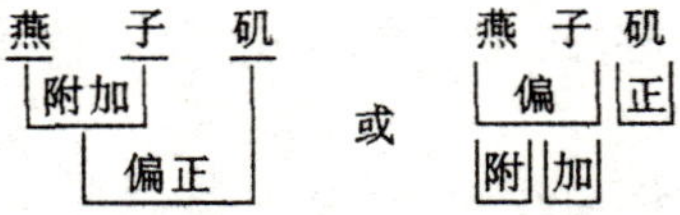

“飘飘然”中的“飘飘”重叠，“然”附加在“飘飘”之后。图示如下：

“无后坐力炮”中的“后”修饰“坐”，“后坐”修饰“力”，它们是偏正型；“无”支配“后坐力”，动宾型；“无后坐力”修饰“炮”，偏正型。图示如下：

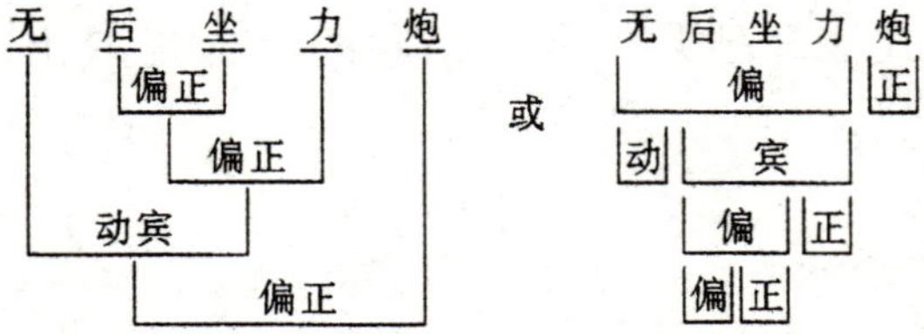

上面对现代汉语词汇构词法的分析，可简化为图 2-1。

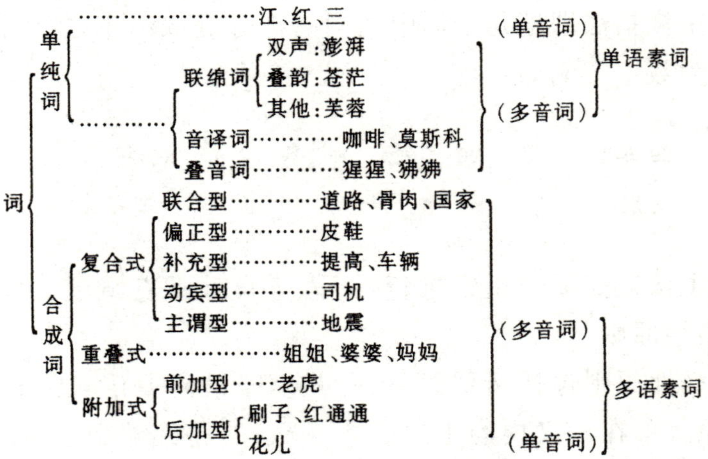

图 2-1

现代汉语词汇的构词还有一种语言形式需要注意，那就是缩略语。缩略语是人们为了语言交际的经济性，对一定的语言形式（一般为短语）进行压缩、删略，得到一个短于该语言形式，但在语义、功能上基本相同的语言形式。缩略语一般用选取法、截取法、提取公因式法、数字概括法形成。

选取法即选取全称中有代表性的语素构成。例如：

中华人民共和国——中国　美利坚合众国——美国
政治协商会议——政协　知识青年——知青
环境保护——环保　　高等院校——高校

截取法即截取全称中有区别性的部分。例如：

中国人民（解放军）　　（新疆）维吾尔自治区
（半导体）收音机　　（清华、复旦）大学

提取公因式法即把几个词中相同的部分提取出来，把不同的部分合并。例如：

（大中小）学　　（离退）休人员
（中青）年学者　（寒暑）假

数字概括法即把几个词中相同的部分提取出来，把不同的部分概括为数字。例如：

四季　四化　四害（蚊、蝇、臭、鼠）　双手　三海
四肢　五官　六神　七窍　八面　十二属相

为了保证交际的正常进行，词语缩略时要遵循显义性、无歧义、习俗性原则。

显义性原则包括两层意思：一是缩略语同原语言形式（以下简称“原式”）在语义内容上要基本一致；二是缩略语要有高区分度的代表性语素，具有显示原式语义的语素结构。例如：

四川大学——川大/*四大
南开大学——南开/*南大

如果把“四川大学”称为“四大”，把“南开大学”称为“南大”，就没有高区分度的代表性了。

无歧义原则要求缩略语要能够有效地代替原式，而不会发生歧义、歧解。因此，下面的缩略都是不允许的：

外语学校——外校
电影学院——影院
戏剧学院——戏院
中医学院——中院/中学/医院
中国人民大学——人大

当一个原式有两个或两个以上的缩略形式都可以接受时，一般把体现了习俗性的形式作为正体。例如，“邮政编码”一般以“邮编”为通用形式，而以“邮码”为辅助形式；“彩色电视机”以“彩电”为通用形式，少用“彩视”。

缩略语在语义、功能上应当同原式保持一致。但是有些词语缩略后功能发生了变化。这一现象主要表现在一部分定中短语、述宾短语或主谓短语缩略后成为区别词。例如：

科学教育——科教	程序控制——程控
涉及外事——涉外	住房制度改革——房改
私人经营——私营	环境保卫——环卫

有一部分缩略语在长期使用中逐渐固定下来，它的全称反而很少使用，这种缩略语很可能成为一个词。它们的结构分属于合成词结构的各个类型。从造词法的角度来看，成为合成词的缩略语一般都属于句法学造词造出来的词，其类型同构词法的命名相同。

第二节　现代汉语词汇的造词研究

造词即创制新词，解决一个词从无到有的问题。人们的造词目的是为了满足社会的交际需要。随着客观事物的发展，人们认识的发展，新事物和新现象的出现，以及语言本身的发展和调整，都能提出创造新词的要求。因此，要研究现代汉语词汇，必然要研究造词问题。

一、造词活动

人们的造词活动都是在社会交际的需求下进行的，造词活动存在的范围很广，全社会成员都可以参与。在造词活动中，人们的认识和思维活动往往起着先导的作用。事实上，人们的造词活动就是给新事物、新现象命名的行为。例如，1983 年 12 月 14 日的《文汇报》中有一篇《解开落星之谜》（作者为吴升阳）的文章就介绍了“落星湾”“落星石”产生的渊源：

> 在鄱阳湖北湖，庐山南麓，有一湖湾称作“落星湾”，湾中的巨石称作“落星石”。所以叫作“落星湾”的原因，就是因为湖湾中有一巨石叫“落星石”。所以叫作“落星石”，又是因为这石头相传是天上一颗流星坠落湖中而成。因此，千百年来，湖区的人们一直认为：“今日湖中石，当年天上星。”

由此可见，造词活动就是人们在认识的基础上给事物命名的活动。

有时，由于人们认识和考虑问题的角度不同，所以，同一个事物，也可以获得不同的名称。例如，“西湖”和“西子湖”就是同一个湖的两种不同的称呼。又如，1983 年 10 月 9 日的《北京晚报》

上曾刊载过一篇短文，题名为《颐和园产“国庆桃”》，文中写道：

> 国庆，能跟桃有什么联系？还真有联系。颐和园培育了一种晚熟的桃，每年阳历九月才熟，正好在国庆节收摘。这种桃名秋红，又名颐红。色如丹砂而间有淡绿之色，而且一直红透到果实之内……

从以上引文中，不但能够从“国庆桃”“秋红桃”“颐红桃”等词的产生进一步认识造词的情况，同时还可以清楚地了解到，因人们认识的角度不同，会创造出不同面貌的新词。

在词汇发展的整个历史中，造词活动和造词方法随处可见，在现代社会生活中，人们运用各种手段造出的新词也很多。例如，人们把“早晨起来进行身体锻炼的活动”命名为“晨练”，把“迷于在电脑网上玩游戏或聊天的人”称为“网虫”，“有防盗功能的门”称为“防盗门”，“在大棚里培植生长的菜”称为“大棚菜”等。

以上各例足以说明，造词活动和人们的认识以及具体的环境条件是有密切关系的。同时也说明，人们在造词时，主要考虑的是用什么名称命名合适的问题，并不是而且也不会去考虑名称的内部结构形式如何。创造新词要根据实际需要，符合构词规律，意义明确，能为人们共同理解。“新造”绝不等于“生造”，如果任意拼凑语素，就是生造词语，这是语言规范化所不允许的。

二、造词法

造词法即分析词是如何创造出来的，用的是什么材料、什么手段。给事物命名的行为是造词问题，命名时使用的方法就是造词法问题。人们在造词时，可以根据本民族的语言习惯，掌握和运用现有的语言材料组成各种各样的新词。

（一）造词原料

造词原料主要是语素，如“炎热”“电脑”中的“炎”“热”“电”

“脑”都是语素。音节也是造词的原料。已经造出来的词也可以充当造词原料构成新词,如“计算机”中的“计算”,其单用也是一个词。外来词、方言、行业语也是造词的重要原料。

从外来词的吸收词来看,英语成为汉语外来词吸收的重点。在外来词的吸收方式上,除了音译、意译等传统方式外,还大量运用了借形方式,如出现了CEO、QQ、XO、DVD等一批字母词,或者“卡拉OK”“T恤”“AA制”“B超”等“中西合璧”的词语。

汉语普通话虽然以北方方言作为基础方言,但并不排斥其他方言。例如,广东作为中国改革开放的最前沿阵地,依托港台优势,经济发展迅速,广东产品大量占领国内市场,于是,一批粤方言词语也随之渗透进全国人民的生活之中,并入今普通话的词汇系统。例如,“冲凉”“喝早茶”“烧鹅”“煲汤”“炒鱿鱼”“打工”等。

行业语主要用于某个学科、行业,专业性较强,全民性程度不高,但随着社会的进步,科学知识的普及,人们文化水平的提高,越来越多的行业语在一定程度上失去了专门性,从而转化为全民共享程度很高的词语。例如,“构架”原为建筑行业用语,意思为“建筑物的框架”,现在用来比喻“事物的组织结构”。

(二)汉语的造词法类型

汉语的造词法是多种多样的,现初步归纳为以下几种。

1.音义任意结合造词法

音义任意结合的造词方法就是用某种声音形式任意为某种事物命名的方法。这样产生的新词在音义之间,开始并无必然的联系。当人们用某种语音形式去指称某种事物的时候,这种语音形式同时就获得了该事物所赋予它的某种意义,音义这样结合后就产生了语言中的词。语言中最早产生的一些词,往往就是用音义任意结合法创制出来的,如“人”“手”“千”“万”“喇叭”“霹雳”“玲珑”。这些例词,其音义之间都无必然的联系,某种事物为什么要用这样的语音形式来表示,人们是无法解释的。随着社会和语言本身的发展，语言要素的不断丰富，为造词提供了大量的原料，因此，人们运用音义任意结合法造词的情况越来越少了。

2. 摹声造词法

摹声法是用人类语言的语音形式，对某种声音加以模拟和改造，从而创制新词的方法。汉语中的摹声法造词可表现为以下两种情况。

（1）模仿自然界事物发出的声音来造词。根据事物发出的声音给事物命名的，如“猫”“呼噜”“蝈蝈”等；根据事物发出的声音创制新词，以描写该事物性状的，如“哪”“嗯”“汪汪”“吧嗒”“轰隆隆”“哗哗”“哈哈”“哼哼”“嗡嗡”等。

（2）模仿外族语言中某些词的声音来造词。这类词通常称为音译词。事实上，音译词就是一种摹声造词，只是它模拟的对象是外语词的声音罢了，如“咖啡（coffee）”“沙发（sofa）”“马拉松（marathon）”“巴黎（Paris）”“夹克（jacket）”“吉普（jeep）”。

以上两种情况虽然模拟的对象不同，但都是用汉语的语音形式对这些被模拟的声音加以改造而成的。

3. 音变造词法

音变法是通过语音变化的方法产生新词。汉语中的儿化韵造词就是一种音变造词的方法。此外，像汉语中的“好（hǎo 好坏的好）—好（hào 爱好的好）”“传（chuán 传递的传）—传（zhuàn 传记的传）”“见（jiàn 看见的见）—见（xiàn 同现）”等情况应当也是一种音变造词的现象。这种情况多为多义词的义项通过音变而独立成词。

这里应该说明：儿化韵是把“er”用在其他韵母的后面，使这一韵母变为卷舌韵母的现象，从当前的普通话看，它是发生在一个音节范围之内（即已侵入音节）的音变情况。因此，由这种变化而产生新词是一种音变法造词。

音变造词是改变语音形式产生新词的方法。虽然它也是由新的语音形式和某种意义结合成词，但是，它完全不同于音义任意结合的造词方法。通过音变造词法产生的新词，和原来充当基础的旧词，在意义上总要存在着某种程度的联系。音义任意结合法造出的新词却没有这种情况。

4. 说明造词法

说明法是通过对事物加以说明从而产生新词的造词方法。这样产生的新词，词义一般都比较明确，容易理解。

汉语的说明造词法，往往由于人们说明的角度不同而表现出一些不同的情况，具体如表 2-2 所示。

表 2-2　说明造词法的几种情况及词例

<table>
<tr><th colspan="2">角度</th><th>词例</th></tr>
<tr><td colspan="2">从事物的情状方面进行说明</td><td>国营、年轻、自动、地震、口红、花生、超声波、二人转、婴儿安</td></tr>
<tr><td colspan="2">从事物的性质特征进行说明</td><td>方桌、优点、弹簧、硬席、石碑、木偶戏、胶合板、丁字尺、武昌鱼</td></tr>
<tr><td colspan="2">从事物的用途方面进行说明</td><td>围脖、顶针、裹腿、餐具、耕地、保温瓶、消毒水、织布机、托儿所</td></tr>
<tr><td colspan="2">从事物的领属方面进行说明</td><td>屋顶、猪肝、象牙、鞋带、刀刃、白菜心、橘子皮、鸡蛋黄、丝瓜瓤</td></tr>
<tr><td colspan="2">从事物的颜色方面进行说明</td><td>白云、蓝天、紫菜、白酒、黄土、青红丝、黑猩、红领巾、红绿灯</td></tr>
<tr><td colspan="2">用数量对事物进行说明</td><td>八卦、九泉、十分、十足、百般、五角星、六弦琴、七言诗、八宝饭</td></tr>
<tr><td rowspan="3">通过注释的方法进行说明</td><td>用所属物类注释说明</td><td>菊花、芹菜、茅草、淮河、蝗虫、吉普车、芭蕾舞、桑拿浴、比萨饼</td></tr>
<tr><td>用单位名称注释说明</td><td>人口、纸张、房间、马匹、船只、钢锭、书本、花束、米粒、石块</td></tr>
<tr><td>用事物情状进行注释说明</td><td>光秃秃、呆愣愣、笑嘻嘻、雾蒙蒙、赤裸裸、响当当、好端端、明晃晃</td></tr>
</table>

续表

角度	词例
运用语言中习用的虚化成分，对原有词的意义做某些改变以说明事物	聋子、乱子、日子、腰子、推子、黑乎乎①、红乎乎、酸溜溜、灰溜溜

除以上情况外，人们还可以从各种不同的角度用说明法造词，说明法比较灵活，能适应多方面的造词要求。

5. 修辞造词法

现代汉语中，许多新词语是由修辞手段造成的。这里重点考察最活跃的几种修辞造词法，即比喻、借代、仿拟、谐音、易色、异语。

(1)比喻造词法

比喻是运用最广泛的一种辞格。由比喻造成新词语，也是最常用的修辞造词法。比喻造词法有隐喻式、直喻式、特喻式。

隐喻式，即词语中只出现表示喻体的语素而不出现表示本体的语素，意义全部由表示喻体的语素承担。例如，“孵化”喻指培育、培养、培训。又如，“大锅饭”喻指分配和酬劳上的平均主义，于是有“吃大锅饭”(搞平均主义)、“端走大锅饭”(不搞平均主义)等表达。

直喻式，即词语中表示本体和表示喻体的语素都出现。例如，“民工潮”喻指农民工涌向城市；“拳头产品”喻指质量过硬、具有很强竞争力的产品。

特喻式即词语中表示本体的语素不出现，而表示喻体的语素作为一个特定的构词成分与其他语素相组合。例如，“新长征”喻指新的历史条件下进行艰苦斗争。“新”是定语，“长征”是喻体。

① “黑乎乎”一类词，在形式上和“静悄悄”等很相似，但情况却不相同。“静悄悄”“白茫茫”中后面的重叠形式，都是具有实在的词汇意义的词素。“黑乎乎”中后面的重叠形式只是语言中习用的虚化成分而已。

又如，“城市牛皮癣”喻指在城市公用或其他沿街建筑物上所张贴或涂写的各种广告、海报等。“牛皮癣”是喻体，“城市”是定语。

（2）借代造词法

借代造词，是指用借代辞格造成新词语。可分全称借代、偏称借代这两种类型。

全称借代，即全部都是借代体。例如，“白领”指企业中从事技术管理、文秘工作等的人员。由这些人员多衣着白领衫而借称。相对有“蓝领”，指从事体力活儿的工人。后又衍生出“灰领”，指有一定技能的工作人员。又如，“菜篮子”借指城市副食品的供应，于是有“抓菜篮子”“菜篮子工程”等用语。再如，“吃青春饭”以“青春”代“年青时光”、以“吃饭”代“职业生活”，合指只适合年青时期做的工作。

偏称借代，即一个新词语的组合中，运用借代的是部分语素。例如，“写字楼”指办公楼，以“写字”代“办公”，作为定语，“楼”为中心语。又如，“围裙丈夫”以“围裙”代做家务，该词的完整意思是指承担主要家务的丈夫。

（3）仿拟造词法

仿拟造词是形成汉语新词语的一种很活跃的修辞造词法。也可分为系联仿拟、相对仿拟这两种类型。

系联仿拟，即由原来现存的词语顺势类推仿拟造出一些甚至一系列的新词。例如，由“国际”仿拟出“洲际”“省际”“市际”“校际”“人际”“级际”（各年级、各班级之间）等；由“文坛”“政坛”仿拟出“体坛”“足坛”“泳坛”等体育运动领域；由“一国两制”仿拟出“一家两制”“一校两制”“一院两制”等。其他如“国格”仿“人格”而来，“大姐大”仿“大哥大”而来等都是系联仿拟的造词法。

相对仿拟，从原来现存词语作逆向类推仿拟出新词，这样造出的新词语与原词是语义相对的，词的数量通常三个以内。例如：

休妻　休夫	快餐　慢餐
大锅饭　小锅饭	自学　校学

外币　内币(人民币)　　外商　内商
上访　下访　　自控　他控
审美　审丑　　苦活　甜活(轻松活)
宏观　微观、常观、中观　　小字辈　老字辈、中字辈
售后服务　售前服务、售中服务

这种从相反或相对方面仿拟造词形成的新词语，相对比较稳定。

有时，可以从不同角度仿造出各自成系统的新词来。例如，从"空姐"(空中服务小姐)仿拟出"空嫂"；仿"空嫂"，于是又有商城招聘"商嫂"、地铁招聘"地嫂"、食品店招聘"店嫂"，等等。这是职业系列。另外，又从"军嫂"(解放军官兵的妻子)仿拟出"警嫂"(警察的妻子)、"藏嫂"(援藏干部的妻子)，等等。这是家属身份系列。

(4)谐音造词法

修辞学上有谐音双关和谐音析字两种辞格。利用这种谐音方法造成新词语也是常见的修辞造词法。例如，"气管炎"谐"妻管严"，用以指妻子对丈夫管得很严，而丈夫则患"气管炎"(妻管严)。"莫斯科"谐"没事科"，用以谑指人浮于事，没有事情干的机构。

实际上，不少外来词语作为新词语进入汉语词汇，在翻译时，也运用了谐音的手法，使外来词语具有某种汉字字义的意味，如"奔驰(Bans)""四通(Stone)""香波(Shampoo)"等。

(5)易色造词法

修辞上的"易色"，即"变易原词的语体风格色彩，使本来使用于甲领域的词语运用到乙领域中去"①。专科词语和行业词语的通用化也就是易色造词法的具体表现，如把"效应"(物理、化学名词)、"反思"(哲学名词)、"黄牌警告"(足球比赛用语)等专门或行业用语泛化为通用词语。又如，"工程"一词本是使用于工程技术

① 谭永祥.汉语修辞美学[M].北京语言学院出版社，1992：265.

领域的，后易色而泛指具有一定规模或有一定系统的工作。

易色造词，有时同比喻造词相结合，如排球用语"短平快""二传手"等用于一般场合，那就是在改变语域色彩的同时作为比喻运用的。

(6)异语造词法

异语辞格，即"文中夹用非汉语普通话语词，以增加表达效果"①的一种修辞方法。这是侧重从用词造句角度讲的，而从造词法角度来看，就是在新词语的构成中采用外来语的成素作为造词原料。

异语造词法一般有直取借用、夹用字母、语素汉化这三种类型。

直取借用主要是指对日语中以汉字表示的词语直接采用，如"新登场""营业中"之类。用的时候，甚至不觉得是外来词，好像是汉字语素的一种新搭配。

夹用字母指把外文字母(主要是英文字母)融入汉语的词内和短语内，构成"中西合璧"的词，如"甲A联赛""做CT"等。

语素汉化就是把音译外来语中的某一音节作为一个新的语素同汉语固有语素组合成新词。例如，"的士"本由粤语音译Taxi(出租汽车)而来，进入普通话以后，人们取"的"为语素，造成了一系列新词，如"面的""打的""摩的""的哥""的爷"等。又如，"巴士"是BUS(公共汽车)的音译词，由它也造成了一些取"巴"为语素的词，如"大巴""中巴""小巴"等。再如，"啤酒"本是BEER的音意合译词，由取"啤"为语素而造成一些新词，如"青啤""黑啤""冰啤"等。

6. 引申造词法

引申造词法是运用现有的语言材料，通过意义引申的手段创制新词的方法。例如，从"打开"和"关上"的动作，联想引申而把

① 谭永祥. 汉语修辞美学[M]. 北京语言学院出版社，1992：261.

“操纵打开和关上的物件”称作“开关”,就是运用了引申造词的方法。其他如:

裁缝 组织 出纳 是非 左右
锻炼 针线 规矩 爪牙 见闻
手足 唇舌 江湖 江山 岁月

经过词义引申分化而形成新词,也是一种引申造词的情况。例如,“年”原为“谷熟”的意思,后来根据谷熟间隔的时间,又引申分化出表示“三百六十五天”的“年”,结果使两个“年”形成同音词,从而产生新词。以下各例也是这种情况:

刻(雕刻的刻)——刻(十五分钟叫一刻)
钟(金属制成的响器)——钟(计时的器具)
日(太阳)——日(一天的时间)
月(月亮)——月(三十天左右的时间)

7.双音造词法

双音造词法是通过双音化产生新词的方法,它也是在现有语言材料的基础上进行造词的。现代汉语中常见的双音化造词有以下几种情况。

(1)在原有单音词的基础上,采用重言的形式产生双音化的词,新词的意义和原单音词的意义完全一样或基本相同,如“爸爸”“妈妈”“哥哥”“姐姐”“匆匆”“常常”“悄悄”“星星”等。

(2)在原有单音词的基础上,采用重言的形式产生双音化的词,新词的意义和原单音词的意义基本不同,如“爷爷”“奶奶”“往往”“堂堂”“区区”“宝宝”“涓涓”等。

(3)将原有的意义相同、相近或相关的单音词联合而成为双音化的词,新词的意义与原来单音词的意义形成意义相同或相近的关系,如“英雄”“脸面”“洗刷”“道路”“寂静”“孤独”“增加”“包裹”“人民”“世代”“伟大”等。

(4)在原有单音词的基础上,附加上语言中习用的虚化成分,从而形成双音化的词,新词的意义和原单音词的意义完全相同,如“石头”“第一”“初五”“阿姨”“尾巴”“椅子”“忽然”等。

8. 简缩造词法

简缩造词法是一种把词组的形式通过简缩而改变成词的造词方法。汉语中有部分事物的名称是用词组的形式表示的,由词组简缩成词,也是新词产生的途径之一。前文述及的缩略语就是用简缩法造出来的。用简缩法造出的词,因为是对原有的词组简缩而成,所以新词的意义和原词组的意义是完全相同的。不过,由于简缩手段的不同,有的简缩词从表面形式上即可以看出其意义来,如“文化教育”简缩为“文教”,也有的不太明确,如用数字概括的方法而形成的简缩词“三好”“四声”等。只从表面形式看,很难了解“三好”指的是“身体好、工作好、学习好”,“四声”指的是“阴平、阳平、上声、去声”等。

需要说明的是,简缩法造词用简缩手段简缩而成的成分不一定都是词,有的仍然是被简缩了的词组,如“四个现代化”就是由“农业现代化、工业现代化、国防现代化、科学技术现代化”简缩而成的词组,“四化”一词则是由“四个现代化”进一步简缩而来。事实上,单从表面形式看,“四化”表示的意义并不明确,对此就要一层层地追溯下去,一直追溯到“农业现代化、工业现代化、国防现代化、科学技术现代化”为止,以准确理解其所表示的意义。

造词和构词、造词法和构词法都不相同,这就使人们有可能从更多的方面对词进行分析和研究。对任何一个词,人们都可以从造词和造词法的角度去探讨和了解其产生的原因和途径,也能够从构词和构词法的角度去探讨和了解其存在的形式及其内部结构规律。表 2-3 就从这两个方面对某些词做了分析。

表 2-3 现代汉语词汇的造词法和构词法的对比①

例词	构词法	造词法
红乎乎	多音词,合成词,词根加重叠后缀的派生词	说明法
眼睁睁	多音词,合成词,部分重叠式,补充说明式的复合词	说明法
改正	双音词,合成词,动补式的复合词	说明法
柳树	双音词,合成词,注释说明式的复合词	说明法
骨肉	双音词,合成词,意义相关联合式的复合词	引申法
成败	双音词,合成词,反义联合式的复合词	引申法
建筑	双音词,合成词,同义联合式的复合词	双音法
神往	双音词,合成词,主谓式的复合词	说明法
失望	双音词,合成词,动宾式的复合词	说明法
扫盲	双音词,合成词,动宾式的复合词	简缩法
三好	双音词,合成词,偏正式的复合词	简缩法
龙眼	双音词,合成词,偏正式的复合词	比拟法
摇篮	双音词,合成词,偏正式的复合词	说明法
石头	双音词,合成词,词根+后缀的派生词	双音法
阿姨	双音词,合成词,词根+前缀的派生词	双音法
劲头	双音词,合成词,词根+后缀的派生词	说明法
腼腆	双音词,单纯词,叠韵词	音义任意结合法
参差	双音词,单纯词,双声词	音义任意结合法
沙沙	双音词,单纯词,重叠词	摹声法
扣儿(kòur)	单音词,单纯词	音变法
人	单音词,单纯词	音义任意结合法

① 葛本仪.现代汉语词汇[M].北京:商务印书馆,2014:87.

从表 2-3 的分析中可以看出,造词法相同的词,构词法却不相同;相反,构词法相同的词,造词法又有所区别。因此,对词分别进行造词和构词的分析是非常必要的。在汉语实际中,词的造词和构词分析要比以上例词复杂得多。有时在一个词中,往往会表现出多种造词法或多种构词法结合运用的情况。

第三章 基于功能视角的现代汉语词义研究

词是音和义的结合体，其中词的声音是词的外在形式，词义则是词的内在内容，它是人们对客观对象的概括和反映。在语言中，词义也有着极为重要的地位，它是语言得以产生的基础。在本章，将对现代汉语词义的相关内容进行详细研究。

第一节 现代汉语词义的性质与特点

现代汉语的词义，有着自身独特的性质与特点，本节内容中将对其进行详细阐述。

一、词义的性质

词义即词的内容，是由一定的语音形式承载的意义内容。同时，词义来源于客观现实，是客观对象在人们意识中的反映，也是人们认识活动的成果。由此，可以得出词义的性质，具体如下。

第一，词义是词汇以语音为载体所表示的意义。

第二，词义是以现实为基础，对现实现象进行的概括性反映。

第三，词义包含着人的认识和态度评价。

二、词义的特点

现代汉语词义的特点有很多，概括来说主要表现在以下几个方面。

(一)全民性

词义的全民性特点，指的是“词义反映的事物是为一个社会的全体成员共同认知，没有阶级性，大家都可以理解其意义，并用来表达感情，交流思想”[①]。

如果词义没有全民性而具有阶级性，那么语言便不可能成为社会大众的交际工具。比如，“爷爷”“奶奶”“高兴”“痛苦”这样的词的意义，大家的理解是一致的，无论是资产阶级还是工人阶级都一种理解。

(二)明确性

客观世界中，绝大多数事物现象特征清楚，不同对象间界限分明，因而反映这些客观事物的词义能够确切地指称，表述它们而具有明确性，如“电视”“钢笔”“法庭”等。这便是词义的明确性特点。

(三)社会性

语言具有很强的社会性，词义是语言的有机构成成分，因而同样具有很强的社会性。

词义是使用同一语言的社会成员在工作和生活中共同确定下来的，为大家所共同理解。词义一旦约定俗成，任何人都不可以随意变动，除非得到社会成员的共同认可。否则的话，语言这一交际工具的作用便会受到影响，这是社会所不容许的。

(四)客观性

在词义中，主要部分词汇意义表示着客观世界中的事物、现象和关系。事实上，词的语法意义和色彩意义也都是客观存在的

① 凌云.现代汉语词汇研究[M].武汉：湖北人民出版社，2011：83—84.

反映，这一切就说明了词义是表示客观存在的。

由此可以知道，一切客观存在和人们对客观存在的认识，就是词义产生的客观基础。没有客观存在，就无从产生词义，没有人们对客观存在的认识活动，词义也不可能产生。这便是词义的客观性特点。具体来说，正因客观世界中存在着“树”这种客观事物，所以人们才能对它进行认识，才能产生表示“树”的词，也才能产生“树”的词义。

客观存在虽然是词义产生的基础，但却不能认为词义和客观存在就可以完全符合或者等同，更不能说词义就是客观存在本身，因为词义表示客观存在时，还要受到人们认识的制约。比如，“神仙”“妖精”“孙悟空”“上帝”“地域”“幽灵”“魂魄”等词在现实世界中是找不到与其相对应的真实事物或现象的。不过，这些词的意义是在人们对客观存在进行了错误认识的基础上产生的，并加入了人们主观想象的成分。也就是说，这些词所反映的意义在人们的精神世界中是切实存在的，因而也具有客观性。

总之，词义和客观存在绝不是等同的，但词义的产生和客观存在又有密切的联系，无论基于对客观存在的正确认识，或者基于错误的认识，词义总要在客观存在的基础上产生，客观存在永远是词义形成的不可缺少的依据。因此，在具体的语言运用中，要特别注意词义的客观性。

（五）概括性

任何词义都是表示某一类客观事物或现象的，所以词义都是对同一类客观事物或现象的概括认识。有些词表明整类事物，这时词义便是对该类事物的概括，词义概括了该类事物共同具有的特征。例如，“布”有棉布、麻布、粗布、细布、白布、红布等，布的种类尽管很多，但是用棉、麻、尼龙等线类织成质地不如丝绸等细软，所以可以做衣服或其他对象的材料，才是一切布类的共同特征。人们把这种共同特征抽象概括，就形成“布”的意义。人们在概括出了“布”的意义的同时，也舍弃了各种“布”的具体的个别的特征，这就是词义的概括性，也有人称之为词义的抽象性。

词义是客观对象在人们意识中的概括反映，但并不是一一对应地反映客观存在的每一个具体事物的，而是对某一类客观对象的反映，在反映的过程中它要舍弃同类客观对象中不同个体的具体特征，从中抽象出共同的本质特征，并对同类对象的特征加以概括地反映。也就是说，词义概括了某一类客观对象所共同具有的特点，同时也舍弃了为个别对象所具有的具体特征，因而获得了表示某一类客观对象的意义的资格。比如，“人”一词的词义就是对“人”这类客观事物的概括，它概括了为人所共同具有的特点，同时也舍弃了为个别人所具有的具体特征，因此，“人”的词义不是指某一个具体的人，而是成了“人”这一类客观事物的通称。又如“茶杯”一词，世界上有各种各样的茶杯，它们之间有的属于款式不同（包括形状的不同和杯子图案色彩的不同），有的属于制作材料的不同（如木头、玻璃、塑料、纸、陶瓷、铁、铝等）。虽然每个茶杯都会有各自不同的特征，但是它们都有一个共同的特点，那就是“用来喝水的杯子，多为圆柱状或下部略细的器具，一般容积不大”。这样一来，词就具有了指称作用，把经过概括的某类事物与其他类的事物区别开来。

普通词的词义是概括的，专有词的词义也是概括的。例如，“鲁迅”一词的词义不仅概括了鲁迅这个人的全部特征，而且概括了各个不同时期的鲁迅的情况，它既可以用来表示少年时期的鲁迅，也可用来表示老年时期的鲁迅。又如，“北京”一词的词义就概括了北京这个城市的全部特征，而且也概括了各个不同历史时期的北京的情况，它既可以用来表示以前的北京，也可用来表示现在的甚至是将来的北京。

在语言交际中，词义的概括性往往起着十分重要的作用。具体而言，词义因为具有概括性，才使人们能够用一定数量的词去概括无数千差万别的事物。如果分别要用不同的词去标志这些事物，那么语言中词的数量将会是无限多的。此外，词义的概括性特点使得人们在交际的时候能够对词义产生共同的理解。例如，在“你去商店的时候顺便买几支圆珠笔”这句话中，“圆珠笔”这个词的词义概括的是使用干稠性油墨、依靠笔头上自由转动的钢珠带出来转写到纸上的一种书写工具。人们一般听到这个词便知道它长什么样，而不需要亲眼看到。

（六）模糊性

词义的模糊性特点指的是，“词义是由经过抽象概括而得到的，所以往往只表示一个大概的范围，没有明确的边界线，即意义的界定存在着模糊性”①。例如，描述一个人身材的高矮时，到底怎样才算“高”、怎样才算“矮”，具体的标准应该是多少呢？实际上，我们很难用精确具体的数字标明“高”与“矮”的界线。身高一米八的男生同身高一米七的相比是高个子，但要是同身高两米多的人相比又是矮个子了。其他如“大”与“小”、“深”与“浅”、“美”与“丑”、“长”与“宽”、“好”与“坏”、“善”与“恶”等表示性状的词都是相对而言的，即当涉及不同的事物或对象时，会产生不同的评价标准。

除了性状词之外，颜色词、生理阶段词和时间词等的模糊性也相当明显。比如，“绿色”一词在《现代汉语词典》中的解释是：“像草和树叶茂盛时的颜色，蓝颜料和黄颜料混合即呈现这种颜色。”但在大自然中即使是树叶茂盛的时候，每片树叶的颜色也都不一定相同，但我们都称它们为绿色。又如，“早晨”一词在《现代汉语词典》中的解释是：“从天亮到八九点钟的一段时间。有时从午夜到十二点以前都算是早晨。”在这里，“早晨”所包括的时间范围显然是模糊的，只是一个大致的范围。

汉语中有些词义反映的对象，具有什么特征是很明确的，但与其他对象的界限或某对象不同发展阶段的界限，是逐渐过渡的，这就产生了词义的模糊性。例如，“中年”和“老年”都是人生长过程中必然经历的阶段，它们都有一些明确的特征，但是从“中

① 卢惠惠.现代汉语词汇学[M].上海：学林出版社，2011：63.

年”到“老年”是逐渐表现出来的，它们之间没有也不可能有一条绝对的、明确的界限。

词义模糊性的产生，与自然语言本身具有模糊性也有着一定的关系。语言所反映的客观事物是具体的、无穷无尽的，而语言是抽象概括的，其单位不能无限增加，因此人们必须允许语言单位有时不像客观事物或概念那样个个分别，而是可以笼统一些，只要能完成交际任务即可，这就是语言的模糊性质必然产生和存在的原因。以名词来说，所指的对象往往边界不清楚，外延模糊。以“土豆”一词来说，在我国有些地方和法国都认为土豆属于蔬菜，而在我国另一些地方和德国却认为土豆是粮食。由此可知，“粮食”和“蔬菜”这两个词的指称范围界限是可以改变的，而使用的语言单位都是同一个，这就造成了词义的模糊性。

在人们的实际交际过程中，词义的模糊性也起着十分重要的作用。人们在交流思想时，一般来说只要把不同事物相互区别开来，明确这个词所包括的一个大致范围就可以了。这样，人们能够根据交际的需要，根据不同的场合、不同的情景来灵活地选择词汇，表达思想，使语言成为人们方便而灵巧的交际工具。如果要求人们在运用词汇来表达思想时，一定要划清每个词汇的精确界限，那么交际肯定会发生困难。比如，在外交场合就离不开模糊语言的恰当运用。国家领导人邀请外国友人来访，只能说“欢迎您在适当的时候来访”，或者说“阁下认为方便的时候来访”等。倘若一定要求对方给出一个确定的日期以至几点几分到，那就成了通牒而不是邀请了，结果必然会使双方的友好关系被破坏。

当然，在实际的交际过程中，有些词汇还是需要有明确性的，比如科学术语、法律法规条文中的词汇等。

（七）发展性

词义和语言中的其他成分一样，一旦形成后，就会具有其相对稳定性。但它又不是一成不变的，随着社会的发展，客观事物的变化，人们认识的改变，以及人们使用时的不同方式方法，都会影响到词义也发生变化和发展。我们经常遇到的古今词义不同的情况，就具体表现出了词义的发展性。

词义的发展性不但存在于语言的历时现象中，同时也可以存在于语言的共时现象中，如“舌头”一词，除指“口腔中能辨别滋味、帮助咀嚼和发音的器官”外，又增加了“为侦讯敌情而活捉来的敌人”的新义项，就是在现代汉语这一共时阶段出现的词义发展的情况。其他像“硬件”“菜单”“窗口”“包装”等许多词的意义也都程度不同地有所发展。我们运用词语时，认识到词义的发展性是非常必要的，只有认识到词义的发展性，才能对词义有正确的理解和运用。

（八）主观性

词义具有客观性，但是客观存在的事物或现象本身并不就是词义。词义产生于人们对客观对象的认识，是长期的思维活动的结果。词义既然是人脑对客观世界的概括反映，那么词义的形成离不开人的主观认识。人们在语言交际中，又往往因为年龄、文化水平、经历、社会地位等各方面条件的不同，对词义的认识和理解也会有所差异。这便是词汇的主观性特点。

在语言运用中，词义的主观性随时都能表现出来。但是，这种主观性并没有而且也不可能超出词义的社会性和概括性的范围，所以主观性所表现出来的差异，并不会影响人们的交际。

（九）民族性

每个民族都有自己的语言，不同的民族在用语言标记客观世界的过程中，会由于民族的文化素养、心理状态以及生活习俗等方面的差异，而造成词义产生了一定的民族差异性。因此，词义的民族性特点简单来说就是“不同语言体系中的词所反映出的特定的民族文化特征”[①]。

---

① 卢惠惠．现代汉语词汇学［M］．上海：学林出版社，2011：64．

不同的语言用什么词表示什么事物可以不同，就是说词义概括的对象可以不同，由此产生了词义的民族性。例如，汉语用“哥哥”“弟弟”“姐姐”“妹妹”表示同一父母所生的子女，而英语只用brother表示哥哥或弟弟，用sister表示姐姐或妹妹，这就是词义的民族性。又如，汉语中的“叔叔”“伯伯”“舅舅”“姨父”“姑父”等，和当事人的关系不同，就用不同的词语来称谓。而在英语中，uncle一词便对这些称谓进行了概称。再如，“白”颜色在汉民族文化中是丧事的象征，与“红”相对；而在西方，白色则代表着美丽、纯洁。于是在西方婚礼上新人会穿白礼服，而东方婚礼上新人会穿红礼服。

词义不仅在理性意义上有民族性，在附加色彩上更可以显示出民族性，也就是说词义的民族性在词的色彩方面表现得更为明显。例如，与“狗”相关的词汇中，汉语中的“癞皮狗”“走狗”“疯狗”“哈巴狗”“狗腿子”“人模狗样”都是贬义的，而英语中的这类短语除了一部分受外来语影响而具有贬义外，大都没有贬义，相反在英语中与“狗”有关的词大都是褒义的，如“to work like a dog”是“拼命工作”的意思，“a lucky dog”则指幸运儿。由此可见，词义的民族性在色彩意义方面，尤其是感情色彩方面也有着鲜明的表现。

（十）概念对应性

词义是概括的，在绝大多数的情况下，它总是用来表示某一类的客观事物，并因此也表示着某一类客观事物的概念，这就使词义具有了概念对应性的特点。

需要特别指出的一点是，在任何情况下都存在着词义的概念对应性。当词作为词汇的组成单位存在于语言符号系统之中的时候，词义表示的只能是某一类客观事物，当然，词义也必然表示着这一类客观事物的概念。在这种情况下，词义和概念是相对应的。此外，当词在具体的语言环境中被人们用来组成具体句子时，词义仍然具有它的概念对应性。例如，在“这条鱼真大”这句话中，“鱼”虽然指称着“这条”具体的“鱼”，然而我们却不能否认它指称的仍然是“鱼”这类客观事物，而并不是另一种事物，所以，这时“鱼”的词义仍然表示着“鱼”的概念所包含的内容，仍然有它的概念对应性。

（十一）具体事物对应性

词义的具体事物对应性特点，指的是“词义虽然是概括的、和概念相对应的，但是在实际运用中，词义却总是要用来指称具体的客观事物，总是要和具体的事物相对应”[①]。

在语言中，每一个词都会参与到具体的言语交际中去，因此词义具有具体事物对应性是不可避免的。而词义的具体事物对应性特点的产生，与词义的概念对应性有着密切的关系。只有当词义具备了概念对应性之后，才能在具体的应用语境中去指称具体的客观事物，也才能体现出具体事物的对应性来。比如，在“丽丽的书是新买的”这句话中，“书”表示的不仅是“书”的概念，而且指称了“丽丽新买的”具体的“书”，这时“书”的词义不仅有概念对应性，而且也有了具体事物对应性。

第二节　现代汉语词义的单位与理据

现代汉语的词义除了具有自身独特的性质与特点外，还有特殊的单位，并呈现出一定的理据。

一、词义的单位

词义的单位是义项，而在对一个词进行分析时，首先需要明确其有几个义项。

① 葛本仪．现代汉语词汇学（第 3 版）［M］．北京：商务印书馆，2014：116．

(一)义项的含义

一个词有可能只有一个意义,也可能有几个意义,这些意义在词典中表现为用序号标示出的一个个条目,其中的一个条目就是词的一个义项。

一般来说,词典经过细致分析后得到的义项,就是词义的最小单位,是词义的有形单位。只有一个义项的词是单义词,而具有多个义项的是多义词。

(二)义项的类型

通常而言,义项可以分为两类,即能够独立成词的词义义项和能够构词的语素义义项。

1. 词义义项

词义义项能单独使用,也就是说,语音形式联系这样的义项时,能作为词来运用。

词义义项除了可以作为词来运用外,也可以存在于它构成的合成词和固定语中。例如,“想”表示“思考;开动脑筋”的意思,除了可以作为词来运用外,也存在于“想法”“冥思苦想”“想方设法”等由它构成的合成词和固定语中。

2. 语素义义项

语素义义项不能单独使用,就是说,语音形式联系这样的义项时,不能作为词来运用。语素义义项只存在于合成词和固定语中。例如,“视”这个词的各个意义只存在于它构成的各个合成词“近视”“轻视”“视察”和成语“熟视无睹”“一视同仁”等中。

(1)语素义的含义

所谓语素义,就是存在于由它所构成的合成词或固定词组中的意义。

(2)语素义的类型

通常而言,语素义可以分为两种类型:一种是成词语素义;另一种是不成词语素义。

成词语素即“自由语素”,它可以独立成词,同时也可以跟其他成分组合成词。因此,成词语素的意义存在两种情况:一种情况是当成词语素独立成词时,它的意义既属于语素义,也属于词义;另一种情况是当成词语素只能与其他成分组合才能构成词时,它的意义只属于语素义,而不属于词义。

以“光”这个成词语素来说,其在词典中主要有十个义项,具体如下:

> ①通常指照在物体上,使人能看见物体的那种物质,如太阳光、灯光、月光,以及看不见的红外线和紫外线等。也叫光波、光线。
>
> ②景物:风光、春光明媚。
>
> ③光彩;荣誉:为国增光。
>
> ④比喻好处:沾光、叨光、借光。
>
> ⑤敬辞:表示光荣,用于对方来临:光临、光顾。
>
> ⑥光大;使显耀:光前裕后、光宗耀祖。
>
> ⑦明亮:光明、光泽。
>
> ⑧光滑;光溜:磨光、这种纸很光。
>
> ⑨一点儿不剩;全没有了;完了:精光、用光、把敌人消灭光。
>
> ⑩(身体)露着:光膀子、光着头。

在“光”的这十个义项中,第①⑧⑨项属于词义。也就是说,当“光”表示这几个意义时,可以直接当词来使用。剩下的七个义项则属于语素义,即每一项意义都只存在于由它所构成的合成词或固定结构中。以第⑦项义项来说,它所表示的意义仅存在于“光明”“光泽”等词语中。

不成词语素义即不能独立成词的语素,只能与别的语素结合成词或是固定结构。因此,不成词语素所表达的意思只存在于由它参与构成的合成词或固定结构中。

以“身”这个不成词语素来说,“人、动物的躯体或是物体的主要部分”是其最为常见的义项,但这种意义只存在于“身体”“身材”“身段”“车身”等合成词中;当它表示“自己、本人”这一义项时,这种意义只存在于“亲身”“自身”等合成词中;当它表示“人的生命或一生”这一义项时,这种意义只存在于“身世”“献身”等合成词中;当它表示“人的地位、品德、修养”这一义项时,这种意义只存在于“出身”“身份”“立身处世”“修身养性”等合成词中;当它充当量词时,这种意义只存在于“一身衣裳”等合成词中。

3.词义与语素义的关系

词是由语素构成的,但是词义和语素义之间存在的关系是十分复杂的。在一定情况下,语素义表示的就是词义,也就是说语素义和词义二者是等同的。例如:

①我在动物园看到了马。
②他的手破了。
③他看到后直摇头。

在上面的三个例句中,“马”“手”“头”都是独立成词的。也就是说,它们的意义既属于语素义,也属于词义。

(三)义项的性质

通常认为,义项的性质主要表现在以下两个方面。

一方面,同一义项在运用中,由于上下文、语境的不同而显示出各种差异。例如,“车”的一个义项是“陆地上有轮子的运输工具”,下面的例句显示了它在不同的上下文、语境中的区别:

①这车真大。(“车”指车的体积容量)
②这车真漂亮。(“车”指车的形式装饰)

③这车真结实。（“车”指车的结构质量）

这种情况的出现是由词义的性质决定的。词义是概括的，它在不同的上下文、语境中会有不同的具体内容。例句中的“车”，它们有共同的指示对象，即作为陆地上有轮子的交通工具的“车”，但具体所指有差异。

另一方面，义项的划分不是绝对的。就当前而言，不同的词典由于性质或任务不同，对义项的划分有时并不一致。以“想”这个词来说，《现代汉语词典》中将其分为四个义项：一是开动脑筋、思索；二是推测、认为；三是希望、打算；四是怀念、想念。《辞海》中将其分为五个义项：一是思考、思索；二是想象；三是希望、打算；四是料想；五是想念、怀念。《新华字典》中将其分为两个义项：一是动脑筋、思索；二是怀念、惦记。《辞海》比《现代汉语词典》多“想象”这个义项，《新华字典》把《现代汉语词典》的前三个义项合并为一个义项。一般来说，《辞海》是一部大型综合词典，所列义项包括了一些古义，义项分析较细。《新华字典》是一部小型词典，义项分析较粗。《现代汉语词典》是一部以记录现代汉语为主的中型词典，义项分析比较适中。

（四）义项的归纳

1. 词义义项的归纳

在对词义义项进行归纳时，必须要根据词语在句子的实际运用中意义的共同点。例如：

①我们从小一起长大，是老朋友了。
②老大娘，请问这附近有超市吗？
③鸡蛋煮老了。
④前几天隔壁邻居家老了人了。
⑤小李虽然年龄不大，却是个老职工了。
⑥他六十多岁了，可是一点儿也不显老。

⑦你还是老脾气，总是爱生气。

⑧你买的黄瓜太老了。

⑨家乡这几年变化很大，很多老房子都拆了，建起了高楼大厦。

在上面的几个例句中，例句①中的“老”和例句⑨中的“老”是相同的意思，表示“很久以前就存在的”的意思，与“新”是相对的，可以确定是一个义项；例句②中的“老”和例句⑥中的“老”是相同的意思，表示“年岁大”的意思，与“少”“幼”是相对的，可以确定是一个义项；例句③中的“老”表示“（食物）火候大”的意思，可以确定是一个义项；例句④中的“老”表示“人死”的意思，可以确定是一个义项；例句⑤中的“老”表示“对某些方面富有经验”的意思，可以确定是一个义项；例句⑦中的“老”表示“原来的”意思，可以确定是一个义项；例句⑧中的“老”表示“（蔬菜）长得过了适口的时期”的意思，与“嫩”是相对的，可以确定是一个义项。

2.语素义义项的归纳

语素义义项由于只存在于合成词和固定结构中，因而在对其进行归纳时，可以根据语素在构成合成词或固定结构时呈现的意义的共同点。以“临”这个不成词语素来说：

①临别、临产、临盆、临刑、临战、临终、临睡

②临时、临客

③临帖、临摹、临画

④光临、莅临、身临其境、双喜临门

⑤临床

例①中的“临”都表示“将要、快要”的意思，可以确定为一个义项；例②中的“临”都表示“暂时的、短期的”意思，可以确定为一个义项；例③中的“临”都表示“模仿”的意思，可以确定为一个义项；例④中的“临”是“来到、到达”的意思，也是一个独立的义项；

例⑤中的“临”是医学上称医生给病人诊断和治疗疾病，也是一个义项。由此可以知道，“临”这个不成词语素总共可以归纳成五个义项。

这里要注意的是，一个词如果有多个意义的话，有可能其中一部分是词义义项，另一部分则可能是不可单独使用的语素义义项，要注意区分。

二、词义的理据

（一）词义的理据的内涵

所谓词义的理据，“就是语言中表示事物、现象、观念的词的构成依据，就是一个词用这样的音节或这样的语素而不是那样的音节或那样的语素来构造的道理和依据，是事物现象得名之由”[①]。

举例来说，“电子计算机”（事物）为什么可以叫“电脑”？这是因为电子计算机能运算，会控制程序，就好像人脑一样，这是根据事物的特点来命名。又如，“说话的发音，说话的本领”为什么可以叫“口齿”（如这个人口齿不清）？这是因为人说话的时候要用到“口”和“牙齿”，就用说话的工具代替说话，这是一种借代方法。

由于词义的理据会存在一定的差异，因而同一事物有时有不同的名称，或先后有不同的名称。不同的人观察事物的角度不同，给事物命名的依据不同，于是就出现了同一事物用不同词来指称的现象。例如，“知己”可以叫“知音”，“知”是了解、理解的意思，“己”是自己的意思，“知己”就是“了解理解自己的人”；“音”是声音，特指乐音，《列子·汤问》记载：“伯牙善鼓琴，钟子期善听。伯牙鼓琴，志在高山，钟子期曰：‘善哉，峨峨兮若泰山。’志在流水，曰：‘善哉，洋洋兮若江河。’”钟子期是最了解伯牙琴声所传达

① 钱玉莲．现代汉语词汇讲义[M]．北京：北京大学出版社，2006：92．

的思想感情的人。这是根据历史典故来为事物命名。

通过上面的分析可以知道，对词义的理据进行分析，其实是对词的语素义和词所表达的事物现象的关系进行分析。例如，“口齿”包含两个语素，“口”表示“口腔”，“齿”表示“牙齿”，这是用这两个语素表示的发音器官代替发音和说话。因此，要对词义的理据进行了解，最为关键的是对词义和构成它的语素的意义的关系进行了解。

（二）单纯词的理据

单纯词即由一个语素构成的词，大多数单纯词的声音和意义没有必然的联系，即没有理据。例如，“人”（事物）为什么叫“人”（名称）、“山”（事物）为什么叫“山”（名称）并没有什么道理可讲，是社会的一种约定俗成。

在现代汉语中，能说明词义理据的单纯词主要有两类，即取声命名词和拟声词。就取声命名词来说，“蝈蝈”（“蝈蝈”这种昆虫发出的声音是 guōguō）、“布谷”（“布谷”这种鸟发出的声音是 bùgǔbùgǔ）、“乒乓”（“乒乓”这种球发出的声音是 pīngpāngpīngpāng）等，这些词的理据是用该事物发出的声音作为事物的名称。就拟声词来说，“砰”（撞击或重物落地的声音）、“滴答”（水滴落下或钟表摆动的声音）、“咔嚓”（折断、破裂声）、“叽叽喳喳”（杂乱细小的声音）、“稀里哗啦”（雨声、建筑物倒塌的声音）等，这些词的理据是用事物发出的声音本身作为该声音的名称。

除了这两类单纯词具有理据外，单纯词本义之外的引申义也可以说明理据。例如，“节”的本义是“竹节”，这个本义没有理据，但由此引申派生的意义却是有理据的。竹节每隔一段就出现一个，把竹子分割成若干段，并且限制、约束着这些段的长短。因此，许多有相同段落的东西都用“节”来命名：“季节”是时间段落、“节拍”是音乐或有规律的敲击声的小段、“章节”是文章的段落等。此外，用来约束段落的东西也被称作“节”，如“节气”是约束时间段落的一个点；约束和限制的行为也被称为“节”，如“节制”

是限制人的随意思想和行动、"节省"是限制人随便花钱等。

(三)合成词的理据

合成词即由两个或两个以上的语素构成的词,一般都是有理据的。合成词的词义和语素的意义有密切关系,其中较为常见的关系有以下几种。

1.语素义按照一定的语法关系直接表达词义

语素义按照一定的语法关系直接表达词义,即词义是语素义按照词的语法结构所确定的关系组合起来的。例如,"珍品"的词义是"珍贵的物品",之所以是这个词义而不是"珍惜物品"或其他意义,就在于"珍品"的语法结构是偏正式,语素"珍"是修饰语素"品"的,从而决定了语素义"珍贵"和"物品"要按偏正的方式来组合。又如,"性急"的词义是"脾气急躁",之所以是这个词义而不是"脾气和急躁"的意思,就在于"性急"的语法结构是主谓式,从而决定了语素义"脾气"和"急躁"要按主谓的方式来组合。

如果两个词语素义相同,而语法结构不同,那么这两个词的词义也就不同。以"成人"一词来说,当其语法结构是偏正式,其词义是"成年的人";而当其语法结构是动宾式,其词义是"人发育成熟"。再以"分界"一词来说,当其语法结构是偏正式,其词义是"划分的界线";而当其语法结构是动宾式,其词义是"划分界线"。

这里还需要特别指出的一点是,构词方式是主谓式、偏正式、动宾式等的不少词是语素义按次序组合而成的,而构词方式是补充式的词的词义一般不是语素义的简单组合。一般而言,补充式的合成词浓缩了较多的内容,语素义一般是说明动作和动作的结果、趋向,不能用补充结构的词组来解释这种词。例如,"改进"一词的意思是"改变旧有情况,使有所进步","改善"一词的意思是"改变原有情况使好一些"等。

2.语素义同词义相同或相近

语素义同词义相同或相近,即两个语素原来的意义相同或相近，是同义或近义的语素并列组合成词，在所构成的合成词中共同表达一个同语素原来的意义相同或相近的意思。此外，语素义同词义相同或相近的词多是并列结构的。例如，“衣服”一词中，“衣”和“服”意思相同，都表“衣服”，构成合成词“衣服”后的词义还是“衣服”，与原来语素的意思相同。又如，“琐细”一词中，“琐”和“细”相近，都表“细”的意思，构成合成词“琐细”后的词义还是“细”，与原来语素的意思相近。

3.语素义表示了词义的某些特定内容

客观事物、现象具有形貌、颜色、性质、功用等多方面的特点，而人们在用合成词对这些客观事物、现象进行命名时，不可能将所有的特点都反映出来，只能是用语素对其中的某些特点进行反映。这样一来，语素义就不能完全表示词义，而只是表示词义的某些内容。例如，“壁画”一词的意义是“在建筑物的墙壁或天花板上的图画”，其中语素“画”表示这是一种图画，语素“壁”表示画在墙壁上。不过，“壁画”不仅仅是“墙壁上的画”，因而其词义不能单纯地根据语素义来进行推断。

4.用语素义的比喻用法表示词义

比喻即用某些有相似特点的事物来比喻想要说的事物，使表达更加生动鲜明。用语素义的比喻用法表示词义，又可以细分为以下几种情况。

第一，前一个语素是比喻用法，后一个语素是原义。以“铁汉”一词来说，其词义是“坚强的人”，其中语素“铁”是比喻用法。再以“海量”一词来说，其词义是“很大的酒量”，其中语素“海”是比喻用法。

第二，前一个语素是原义，后一个语素是比喻用法。以“浪花”一词来说，其词义是“波浪激起的四溅的水”，其中语素“花”是比喻用法。再以“云海”一词来说，其词义是“从高处下望时，平铺在下面的像海一样的云”，其中语素“海”是比喻用法。

第三,前后两个语素都是比喻用法。以“耳目”一词来说,其词义是“比喻替人刺探消息的人”,其中语素“耳”和“目”都是比喻用法。再以“饭桶”一词来说,其词义是“比喻只会吃饭而不会做事的人”,其中语素“饭”和“桶”都是比喻用法。

5. 用语素义的借代用法表示词义

借代即不直接把所要说的事物名称说出来,而用跟它有关系的另一种事物名称代替它。用语素义的借代用法表示词义,又可以细分为以下几种情况。

第一,前一个语素是借代用法,后一个语素是原义。以“嘴笨”一词来说,其词义是“不善于说话”,其中语素“嘴”是借代用法。再以“口音”一词来说,其词义是“说话的声音”,其中语素“口”是借代用法。

第二,前一个语素是原义,后一个语素是借代用法。以“高手”一词来说,其词义是“技能特别高明的人”,其中语素“手”是借代用法。再以“卖嘴”一词来说,其词义是“用说话来显示自己本领高或心肠好”,其中“嘴”是借代用法。

第三,前后两个语素都是借代用法。以“眉目”一词来说,其词义是“眉毛和眼睛,泛指容貌”,其中语素“眉”和“目”都是借代用法。再以“裙钗”一词来说,其词义是“旧时妇女的服饰,借指妇女”,其中语素“裙”和“钗”都是借代用法。

6. 部分语素义失落或模糊

在一些合成词中,其中一个语素不用它原有的意义来表示词义,这便是部分语素义失落或模糊。造成语素义失落或模糊的原因是多方面的。通常由于词义辗转引申、比喻的关系,语素义和词义的联系越来越远。例如,“工夫”本指工程和劳动人力,这时语素义和词义的联系很直接,但是当“工夫”指占用的时间或空闲的时间时,这种联系就很遥远了。这些词基本已经失去了词义的理据。

部分语素义失落或模糊，又可以细分为以下两种情况。

第一，两个语素中只有一个语素表示词义，另一个不表意义。以“忘记”一词来说，其是忘却的意思，语素“记”在这里没有意义。类似的词还有“人物”“国家”“窗户”等。

第二，两个语素中有一个语素的意义模糊，不能说没有意义，但也不能明确指出它的意义。以“麻利” 一词来说，其是敏捷的意思，语素“麻”在这里意义模糊。类似的词还有“斯文”“荷包”等。

在现代汉语中，还有一类特殊的词，其所有的构成因素的现有意义都不显示词义。比如，“东西”一词的意义是“各种具体的或抽象的事物”，与语素“东”和语素“西”的现有意义显然是不同的。类似的词还有“大方”“工夫”“马虎”等。

第三节　现代汉语词义的类聚研究

语言中的词不是孤立存在的，它们往往通过自身所具备的语音、词汇或语法等方面的某些共同特点，而产生各种不同的类聚关系。同样，词义之间也存在一定的联系和关系，因而词义也可以形成各种不同的类聚。就当前来说，语言学界认为词义中存在的类聚类型主要有单义词与多义词、同义词与反义词。

一、单义词与多义词

单义词与多义词是以义项为标准划分出来的，不过单义词和多义词的划分并不是绝对的，因而某些多义词可以随义项的变化或消失而变成单义词。

（一）单义词

单义词就是只表示一个词汇意义的词，其词义都是明确的，不会发生混淆。

在现代汉语中，单义词所占的数量是比较少的。总体而言，单义词主要有以下几种类型。

一是常见的事物名称，包括“鸟”“鱼”“狗”“鹤”等自然界生物的名称，“楼房”“眼镜”“煤炭”“桌子”等生活日用的各种器物工具的名称。

二是科学术语。科学术语的含义，要力求精确、肯定。科学术语如果具有几个意思，就会造成概念上的混乱和论证上的模糊，所以科学术语总是单义词。例如：

肿瘤	针灸	电子	元音
格律诗	高低杠	管弦乐	心电图

三是专有名词。个别事物的特有名称，如人名、地名、机关团体的名称以及工程建筑、山脉、河流等的名称，多是单义词。例如：

李白	淮河	长江	泰山
天安门	国务院	张家界	景德镇

四是外来词。外来词多属于国际上通用词，因而也总是排斥多义而趋于单义。“啤酒”“咖啡”“沙发”“维生素”都是外来词，且都是单义词。

五是文言词，如“诞辰”“哀悼”“盘桓”等。

六是现代汉语中的口语词，如“半瓶醋”“吃香”等。

(二)多义词

词的多义性是词义发展变化的结果，一个词在刚产生的时候都是单义的，但是由于语言中的词同客观事物比较起来，数量总是有限的，同时其语音形式也有限。而随着客观事物的发展和人们对客观事物认识的深化，不可避免地要用原有的一些词表示有关的其他事物，这就造成了词的多义现象。汉语历史悠久，因而多义词非常丰富，在现代汉语中，多义词仍然在不断地产生和发展着，并在语言的运用中发挥着积极的作用。

所谓多义词，就是具有两个及两个以上互有联系而又互不相同的意义的词，即多义词具有多个义项。例如，“彩排”一词有两个不同的意义，即“戏剧、舞蹈等正式演出前的化装排演”和“节日游行、游园或其他大型群众活动正式开始前的化装排练”。这两个意义在“化装排练”方面有一定的联系，因此，“彩排”是多义词。

在多义词的几个义项中，有一个是它的本义，其他义项都是由它派生出来的。其中，多义词的基本义是其最基本、最常用的意义，而且词的基本义一般来说也就是它的最初、最原始的意义，也就是本义。例如，“年纪大”是“老”的基本意义，也是“老”的本义。但是，两者也有不一致的情况，例如，“走”的本义是“跑”，而其基本意义是“步行”；“兵”的本义是“兵器”，而其基本意义是“士兵”。因此，所谓基本义是就应用而言的，而不是就来源而言的。

由基本义发展转化出来的是多义词的派生义，派生义有两种，一种是由基本意义直接引申出来的引申意义。例如，“黑”的基本义是像碳或墨的颜色，是物体完全吸收日光或同日光相似的光线时所呈现的颜色（跟“白”相对），由这个基本义派生出来的引申意义有：

①黑暗：天黑了，屋子里很黑。

②秘密、非法的、不公开的：黑市、黑话、黑社会。

③坏、狠毒：黑心。

另一种派生义是用基本意义来比喻另一事物而逐渐固定下来的比喻意义。词的比喻意义和修辞上的比喻不同，修辞上的比喻是在特定的语言环境中临时应用的，它们原来的词义并不会因用作比喻而改变。例如，“北京是中国的心脏”，这里的“心脏”和“北京”是修辞上的比喻关系，“心脏”并没有转化并固定为“北京”新义。而词的比喻意义是一种已经固定下来的新义。以“铁”这个词来说，其有以下几个义项：

①金属元素，银白色，质硬，延展性强，纯铁磁化和去磁都很快，是炼钢的主要材料：钢铁。

②坚硬、坚强、牢靠：铁拳，铁蚕豆，铁饭碗。

③确定不移：铁的纪律，铁的事实，铁案如山。

在“铁”的这几个义项中，第一个义项是基本义，后两个义项是根据基本意义比喻而成的比喻意义。

大多数的多义词派生义都是既有引申意义又有比喻意义。例如，“负担”一词的基本义是“负担”，引申意义是“任务、责任”，比喻意义是“包袱”。而且，多义词的运用对语境有很强的依赖性，在一定的语境中只能有一个意义适用，如果在同一语境中可以适用两个或更多的意义，这个词就会产生歧义了。

二、同义词与反义词

同义词与反义词是语言词汇中永远存在的两种词义类聚现象，因而在对现代汉语的词义类聚进行研究时，绝不可忽视。

(一)同义词

1. 同义词的界定

同义词指的是意义相同或相近的一组词，如“衣服——衣裳”“容貌——长相”“丈夫——老公”等。

同义词虽然名曰“词”，但由于多义词的干扰，事实上并不是绝对的词和词的关系，某些情况下，是词和义项的关系，或者说义项和义项的关系。如果义同的双方都是单义词，那么，两者形成的同义关系是纯粹的同义词关系。如果义同的双方一方是单义词，另一方是多义词，那么，两者构成的是词与义项之间的同义关系。如果义同的双方都是多义词，那么，两者形成的同义词关系表现为义项之间的同义关系。

此外，现代汉语中的同义词绝大部分在语音形式上是不同的，但也有意义相同且语音形式相同的同义词，如“口型——口形”等，只是非常少见。

2. 同义词的产生

同义词的产生，主要有以下几个原因。

一是因吸收方言词而产生了同义词，如“晓得——知道”“山药蛋——马铃薯”等。

二是因吸收文言词而产生了同义词，如“流言——谣言”“窃——偷”等。

三是因吸收专业词而产生了同义词，如“氯化钠——食盐”“花冠——花瓣”等。

四是因吸收外来词而产生了同义词，如“摩登——时髦”“马达——电动机”等。

五是为表达意义和用法上细小的差别而创造出来的同义词，如“忽视——漠视——无视”“解除——破除——废除——清除”等。

3. 同义词的类型

一般来说，同义词又被分为两类，即等义词和近义词。

(1)等义词

等义词即意义完全相同、在任何语境中都能替换的同义词。例如：

衣服——衣裳　手臂——胳膊　相互——互相
暖瓶——热水瓶灯泡——电灯泡和——同

语言中的等义词大多是借用方言或外语词的结果。这些等义词在语言中为数不多，在意义上和修辞上均无细微的差别，在语言中作用也是完全相同的，因而它们在语言中没有共同存在的必要。在社会约定俗成中，等义词一般表现为两种情况。一种情况是，在使用过程中，其中一个被淘汰掉，如“自行车”和“脚踏车”、“衣服”和“衣裳”中，“脚踏车”和“衣裳”的使用频率越来越小，将被淘汰。另一种情况是，极少数等义词在使用过程中逐渐走上意义分化的道路并被保存下来。例如，“魂灵”和“灵魂”原来是等义词，但“灵魂”逐渐有了“心灵、思想”和“人格、良心”等意义，而“魂灵”没有，于是两个词都得以保存下来。

此外，在语言中等义词将会永远存在，这是人们从不同角度进行造词的结果，但等义词又将永远不断地被规范着，或保留，或淘汰，或分化。

(2)近义词

近义词指的是语法意义、词汇意义和修辞色彩等相近的一组词。例如，“首要”与“主要”是两个同义词，词义的共同点是“事物的作用或地位不同于一般”，它们在意义上的细微差别是“首要”是指摆在第一位的、强调具有特别重要性；“主要”则是指“最基本的方面，常是就次要的或其他的比较而言”，因而两者实际上是近义词。

在同义词中，近义词占绝大部分，这种同义词的存在有其积极的意义和作用，是词汇学研究的重要对象。此外，近义词在使用中不能任意替换。

从类型上来看，近义词大致包括两类。一类是词汇意义相近、语法意义相同、色彩意义不同的近义词。以近义词“保护”和“庇护”来说，两者都是动词而且都表示“护卫住”的意思，但“保护”指的是“妥善照顾，护卫住，使不受损害”的意思，“庇护”则是指“护卫住加以包庇”。因此，前者具有中性色彩，后者则具有贬义的色彩。再以近义词“鼓动”和“煽动”来说，两者也都是动词，它们的主要义素和本质特征都表示“使别人行动起来做某种事情”的意思，但是“鼓动”指的是“用语言、文字等激发和振奋人们的情绪，使他们行动起来”，具有中性和褒义的色彩，“煽动”指的却是“挑动、怂恿别人行动起来去做坏事情”，多用于贬义，所以具有贬义色彩。

另一类是词汇意义相近、语法意义和色彩意义都相同的近义词。这又可以细分为三种情况，具体如下。

第一，词汇意义的轻重有所不同。以近义词“优良”“优秀”“优异”来说，其相同内容都表示“好”的意思，可是“优良”表示的是“很好”的意思，“优秀”表示的是“非常好”的意思，而“优异”则表示“特别好”的意思。三个词义相比较，“优良”词义较轻，“优秀”比“优良”要重一层，而“优异”的词义较前两者就更重一些，所以三个词在表义上的轻重程度是不同的。

第二，词汇意义的侧重面有所不同。以近义词“证明”和“证实”来说，两者都是动词，都表示“用可靠的材料来表明或断定人或事物的真实性”的意义。但是“证明”侧重于“说明其情况”方面，“证实”则侧重于“证明其确实”方面，因而两者在词汇意义的侧重面上有一定的差异。

第三，词汇意义的指称范围有所不同。以近义词“家属”和“家族”来说，两者共同的主要义素和本质特征都是指“一家中的人”，但是它们的次要义素和一般特征是有区别的。“家属”指的只是“某个人的家庭成员”，指称的范围比较小；“家族”指的却是“同一姓氏的，有血缘关系的可以包括几个分支的几辈人”，所以它的指称范围就比较大。

近义词是词汇意义相同或相近的词。如果词汇意义相同，色彩意义必有差异。

无论是等义词还是近义词，语法意义必须相同，即词性必须一致，从某种意义上说，这也是形成同义词的前提条件。有些看似词性不同的同义词，其实是其中的一方属于兼类词，兼属的词性有一种与同义的另一方是同性的。

(二)反义词

1.反义词的界定

反义词就是同一个语义场中的具有相反或相对立的义素的两个词,如“完整——残缺”“积极——消极”“热情——冷漠”“成功——失败”等。

反义词是以词义的相反和相对的关系为连接点形成的词义类聚,但由于词义本身存在多义性等复杂的情形,反义词并不构成词与词之间的完全整齐的对应,而是呈现词与词之间、词与义项之间、义项与义项之间等反义对应的复杂情形。在语言应用中常常以对举的形式出现,用以揭示事物现象之间的矛盾,体现意义之间的对比性。

反义词是对客观事物的对立在词义中的一种反映,因而它所反映的事物、现象必须属于同一意义范畴,不属于同一范畴的两个词不能属于反义词。例如,“高”和“瘦”“窄”所反映的事物、现象不属于同一范畴,因而不能构成反义词。

2.反义词的类型

一般而言,反义词可以分为两种类型,即绝对反义词和相对反义词。

(1)绝对反义词

两个意义绝对相反,互相排斥,中间没有第三种意义出现的反义词,叫绝对反义词。由于绝对反义词是建立在矛盾关系的基础上、不存在中间状态的反义词,因而其既能首先用于肯定、又能首先用于否定,既能正用、又能反用的特点,所以又称之为可逆用的反义词。例如:

有——无　开——关　生——死　对——错

正确——错误　主观——客观　出席——缺席

(2)相对反义词

两个相反的意义中间,还有第三种意义存在的反义词,叫相对反义词。由于相对反义词是建立在对立关系的基础上、存在中间状态的反义词,因而其具有只能首先用于肯定、不能首先用于否定,只能正用、不能反用的特点,所以又称之为不可逆用的反义词。例如:

大——小　黑——白　高——低　上——下

进步——落后　伟大——渺小　宽阔——狭窄

3.反义词的语言特点

反义词的语言特点,具体来说有以下几个。

第一,反义词的双方必须都是词,而不能是短语,或者一方是词,另一方是短语。

第二,反义词的词性必须一致,即反义词的语法意义必须相同。语法意义作为一种更为抽象的意义如果不一致,也就意味着意义所隶属的语义范畴不同,这样的意义是无法作是否相反的比较的。

第三,反义词在词的音节结构、组织结构等方面要求一定的对应性。

4.反义词的作用

反义词表达了客观世界中相反或相对的事物、概念,而且在言语中经常对举使用,这样就使得反义词具备以下两方面的作用。

第一,运用反义词可以揭示事物矛盾对立的关系和方面,给人以鲜明、深刻的印象。

第二,反义词音节及结构形式的对应性、在言语中的对举使用等特点,能为言语表达营造一种对称和谐的形式美。

第四节　现代汉语词义的发展演变

词是一种音义结合体，一旦音义结合，便具有了相对稳定性。但是，语言又处于不断的发展变化之中。而词作为语言的一个重要组成部分，必然也具备语言的发展变化性。由此可以推断，词义和其他的事物一样，处于不断地演变和发展过程之中。

一、词义发展演变的原因

词义发展演变的原因，具体来说有以下几个。

（一）新事物不断出现，旧事物逐渐消亡

新事物的不断出现以及旧事物的逐渐消亡，可以说是引发词义发展变化的一个重要原因。

在语言的发展过程中，一些旧词义会慢慢地被淘汰，一些新词义会逐渐产生，并进入到语言的词汇系统中。例如，“钱”原为一种除草铲土的农具，前阔后窄，像钟的剖面形，古时农器也用作交易的媒介。后来有一种钱币模仿这种农具的形状铸成，就用“钱”来表示这种货币。古以贝为钱。秦废贝行钱后，钱成为货币的通名。后来作为农具的“钱”不用了，在生活中消失了，它的本义跟着消失，而货币之义则沿用下来。又如，“学习”的“习”本来是指小鸟儿反复地飞，“学习”本来是指小鸟儿学习飞翔，但是这个词义在现代汉语中也消失了。再如，“飞”一词的原意是鸟虫等鼓动翅膀在空中活动，而出现了飞艇、飞机以后，“飞”有了新义，即利用动力机械在空中行动。

（二）阶级斗争

这里说阶级斗争是导致词义发展演变的一个原因，是因为在阶级社会中，各个阶级特别是统治阶级常把本阶级的思想意识输入语词之中，使词义发生变化。例如，“节”原指竹的关节，后用来指妇女对丈夫专一，丈夫死后不改嫁；“崩”原指山塌，后专指皇帝死等。这些词都表达了封建统治阶级的思想意识。

在中华人民共和国成立后，工人阶级劳动人民取得了政权。在社会主义革命建设中，不少词有了新的意义，反映了新的概念，它们迅速成为词的基本义。以“贫农”一词来说，过去指一般的穷苦农民，后指占有部分生产资料，主要靠租人土地或以出卖劳力为生的穷苦农民。其中，后义因符合工人阶级的需要而迅速成为基本义。

（三）人们认知水平的不断提高

随着人类社会的不断前进，人们的认识也随之不断地有所提高。而人们随着认知水平的提高，对事物的认识也会逐渐地丰富起来。例如，古代的“车”主要是以动物为动力的陆上交通工具，如以马为动力的车叫“马车”，以牛为动力的车叫“牛车”，以驴为动力的车叫“驴车”。但是现代社会的“车”已经不再以马、牛、驴等动物为动力了。因为最早火车要通过烧煤为动力，因此叫“火车”，而汽车因为需要汽油才叫“汽车”。可见，同样是陆地上的交通运输的“车”，它的内涵变得丰富了。

人们随着自身认知水平的不断提高，对事物的认识也会逐步深化。例如，古代的人们对“云”的了解是模糊的，中国古代第一部字典《说文解字》将“云”解释为“山川气”，认为“云”是围绕山川之间的气体。随着科学技术的发展，现代人们已经知道了“云”实际上是“由水滴、冰晶聚集形成的在空中悬浮的物体”。

（四）语言内部诸要素的相互作用

语言内部诸要素的相互作用对词义发展演变的影响，具体来说表现在以下几个方面。

1. 词在句子中位置和作用的变化能够引起词义的变化

在这里，以动—名之间的变化为例，具体说明在句子中位置和作用的变化能够引起词义的变化。“恩典”原指“帝王对臣民的恩惠”，宋韩琦《谢除使相判相州表》：“被恩典之特优，顾人言而甚愧。”后泛指“恩惠”，《红楼梦》三七回：“凭他给谁剩的，到底是太太的恩典。”这两个意义都是名词义。现在“恩惠”是这个词的基本义。现在“恩典”能作动词用，如可以说：“你就恩典了他吧。”“老爷恩典了他。”这样就生出动词义“给予恩惠”。

上面所举的是名变动发展出动词的意义的例子，下面再举一个动变名发展出名词义的例子。“流言”一词原来可用作动词，义为“散布没有根据的话”。《书·金滕》：“武王既丧，管叔及其群弟乃流言于国，曰，(周)公将不利于孺子。”又可用作名词，义为“带有诽谤性的话”。《荀子·大略》：“流丸止于瓯臾，流言止于知音。”现在“流言”已不能作动词用，动词义也丧失了，只能作名词用，名词义就保留下来。

2. 语音变化能够引发词义的变化

语音变化可以产生或巩固词义的变化，甚至有可能分化出另一个词来。例如，“利害”有“利益与损害”和“剧烈凶猛”的意思，其中后义同于“厉害”，“害”已读轻声。也就是说，“利害(lìhài)”和“厉害(lìhai)”已可能分为两个词了。再以”画”来说，其有名词义“图画”和动词义“绘画，作图”，而名词义现在在口语中已儿化，动词义则不必儿化。很明显，语音的变化使“画”的这两个意义有了更加清晰的区分。

3. 字形的变化能够引发词义的变化

汉字字形的变化往往能使新发展出来的词义分出来，成为一个新词。以“文—纹”来说，“文”有“彩色交错”(《易·系辞》下：“物相杂，故曰文。”)、“纹理，花纹”(《左传·隐公元年》：“仲子生而有文在其手。")、"文字、文辞"(《孟子·万章下》:"故说诗者不以文害辞";《说文·叙》:"仓颉之初作书,盖依类象形,故谓之文。")等义。后为"纹理、花纹"这个意义造"纹"字,其他义仍以"文"字表示,文、纹由此成为不同的词。

二、词义发展演变的类型

词义的发展演变,概括来说主要有以下几种类型。

(一)词义的扩大

词义扩大指的是词义的指称范围扩大了,即如今能指称更大范围内的事物。常见的词义扩大主要有以下几种形式。

一是表名物的词适用对象从部分发展到整体(指空间),表示的对象特征也随着变化。例如,"腿"原指"脚上膝下"的部位,今指"脚上臀下"的部位,其适用对象空间上扩大了,表示的对象特征(即对所指部位的限制)也随着变化。

二是表名物的词适用对象从部分发展到整体(指成员),表示的对象特征也随着变化。例如,"妇人"原指"同士匹配的女子",现指"已婚的女子"。词义的适用对象的成员从部分发展到了整体(原义的适用对象是发展出来的意义的适用对象的一部分)。表示的对象特征也随着变化,"妇人"原有"同士匹配"这个特征,"妇人"现在的意义这个特征消失了,现义的特征仅是"已婚的"。

三是表名物的词其适用对象从单一的事物发展到一般的事物,其表示的对象特征也随着变化。例如,"江"在古代专门指"长江","河"在古代专门指"黄河",但在现代汉语中,"江""河"是所有江河的通称。很明显,"江""河"这两个词的适用对象扩大了,表示的对象特征也变化了。

四是表性状的词适用对象扩大。例如,"平衡"的适用对象原是衡器的两端,后扩大为一般的事物;"动听"的适用对象原是言辞,后扩大了,包括声音和音乐。

五是表动作行为变化的词的行为变化的主体扩大。例如，“缺”的行为变化主体原是“器”，后扩大到多种事物，如书、桌子等。

六是表动作行为的词关系对象扩大。表动作行为的词表示的动作行为所影响所涉及的对象是它的关系对象，一般是动作行为的受事者。一些表动作行为的词的词义中包含有特定的关系对象，如“参谒”指“进见尊敬的人；瞻仰尊敬的人的遗像、陵墓等”，其中“尊敬的人”“尊敬的人的遗像、陵墓”等都是“参谒”的关系对象。表动作行为的词词义的扩大，有其关系对象扩大这个类型。例如，“沉湎”的关系对象原只限于酒，现已扩大到其他不良嗜好；“洗”的关系对象本义只限于脚，后来扩大到一般的物体。

表动作行为的词的词义扩大，也有行为主体和关系对象都扩大的类型。例如，“容纳”原指人（行为主体）宽容任用人才（关系对象），现指人、容器、房屋等（行为主体）接受人、物（关系对象）。这个词的行为主体、关系对象都扩大了。

（二）词义的缩小

词义缩小与词义扩大的概念相反，它指的是词义的指称范围缩小了，即如今只能指称原先意义范围中的某一部分。常见的词义缩小主要有以下几种形式。

一是表名物的词适用对象从整体变为部分（指空间），表示的对象特征也随着变化。例如，“脚”原指行走器官的整体，现在只指行走器官的下端，接触地面支持身体的部分，词的适用对象在空间上缩小了，对象特征也随着变化了。

二是表名物的词适用对象从整体变为部分（指成员），表示的对象特征也随着变化。例如，“子”原指儿子和女儿，后专门指儿子，很明显后者是前者中的一部分，对象特征（即对所指成员的限制）也随之发生了改变。

三是表性状的词适用对象缩小。例如，“金”的适用对象原来较宽，可以是黄金、铜、铁、银等，而现在一般只用于黄金。

四是表动作行为的词行为主体缩小。例如,“结婚”一词原来可用于国与国之间,也可用于男子女子之间,现在只用于男子女子之间了。

五是表动作行为的词关系对象缩小。例如,“报复”原是报答恩和怨,现缩小为报怨。这里需要特别指出的一点是,表动作行为的词,其行为主体和关系对象可以同时缩小。以“营业”一词来说,其行为主体从一般的百姓缩小为商业、服务业、交通运输业等的人员;其关系对象原是一般百姓的生计,现缩小为商业等行业经营的业务。

(三)词义的转移

词义的转移即词义的指称对象或概念发生了变化,常见的词义转移主要有以下两种形式。

一是词性不变,原义和后起义的适用对象之间没有整体和部分,类和种,多类对象和其中一类对象(如“动听”的适用对象本义是“言辞”,现在是“言辞、声音、音乐”,后同前的关系就是多类对象同其中一类对象的关系)的关系,表示的对象特征也不同;或者是虽可有同样的适用对象,但表示的对象特征迥异。例如,“热烈”一词原来的意义是“权势极盛”,现指“情绪兴奋激动”,很明显本义和后起义的适用对象不同类,表示的性状特征也有差异。

二是因词性转换而造成词义的转移。以“布告”一词来说,其原本是动词,是“对众宣告,公告”的意思,后发展出“(机关、团体)张贴出来通告群众的文件”的意思,很明显发展出来的意义是名词。再以“珍藏”一词来说,其原本是名词,是“所藏的珍宝”的意思,后发展出“认为有价值而妥善地收藏”的意思,很明显发展出来的意义是动词。

(四)词义的深化

词义的深化指的是词的概念义适用对象不变,表示的对象特点深化。这主要是一些表示最基本的自然现象、表示动物植物的词，它们的适用对象古今基本上是一样的，但词的概念义所表示的对象特点则随着人的实践和认识的发展而深化。

以“牛”一词来说，其适用对象古今是一致的，《说文解字》中用类别词“大牲”显示，此外，“牛”也有“件”的意思；件，表示事理分析。所有与牛相关的字，都采用“牛”作边旁。“牛”的特征，《现代汉语词典》有专门说明：“身体大，趾端有蹄，头上有一对角，尾巴尖端有长毛”，有功用：“力气大，供役使乳用或乳肉两用，皮、毛、骨都有用处”，类别词语中的“哺乳”“反刍”又说明了牛的生物学特征。这表明，人们对“牛”认识的发展也反映在词义的发展中。

再以“人”这个词来说，其适用对象古今也是一致的，《现代汉语词典》用类别词语“高等动物”显示。《说文解字》对“人”的解释是“天地之性最贵者也”，说明人的特征是“天地之性最贵”（天地之间本性最高贵的），《现代汉语词典》对人特征的说明抓住了本质特征：“能制造工具并使用工具进行劳动。”这说明，近代科学对人本质的认识也表现在词义的发展中。

（五）词义的感情色彩变化

词的感情色彩发生变化，其概念义往往也会有所变化。例如，“爪牙”从“中性或褒”变为贬，词义的变化是：原指“武臣”，发展出来的意义指“坏人的党羽”，词义转移了。又如，“勾当”的感情色彩从“中性”变为“贬”，词义原指“做、办理”，发展出来的意义指“坏事情”，是名词，词义转移了。

第四章　基于功能视角的现代汉语词汇色彩研究

现代汉语词汇的色彩意义是词义内容不可缺少的组成部分，它的产生和发展变化不仅极大地丰富了现代汉语的词汇及词汇意义，让现代汉语词汇表意更为精妙，而且有助于人们更好地表达情感倾向和对事物进行更加准确的评判。现代汉语词汇的色彩意义非常丰富，本章将对现代汉语词汇的情态色彩、形象色彩、语体色彩进行研究，并研究现代汉语词汇色彩意义的变化。

第一节　现代汉语词汇的情态色彩

现代汉语词汇的情态色彩，一般指的是词语的褒贬色彩，是指人们在说话时对所陈述事物的立场和态度。这种情态色彩既是主观的又是客观的，不仅可以传达情感信息，而且可以通过这种信息感染别人，引起别人的共鸣。本节将对现代汉语词汇情态色彩的特征、类型和运用进行具体阐述。

一、现代汉语词汇情态色彩的特征

词在给予客观事物以称谓，表达人们对事物的概括认识的同时，往往还表达人们对该事物的爱憎意味和褒贬评价。比如“祖国”“亲人”“爱人”“英雄”“烈士”“模范”“真理”“善良”“优美”“牺牲”“就义”这些词，同时表示着人们对这些人、物、行为的敬爱、赞许的感情和态度;“暴君”“权贵”“叛徒”“特务”“流氓”“贪污”“腐化”“剥削”这些词,同时表示着人们对这些事物、现象的憎恶、贬斥的感情和态度。这种情态意味就是词的情态色彩。词的情态色彩,是为了实现词的表情作用而存在的。这种色彩和词的称谓意义都是词的内容,但和词义相比,这种色彩则处于从属地位,往往是受词义决定的。现代汉语词汇的情态色彩具有以下几个特征。

(一)社会性和客观性

现代汉语词汇的情态色彩具有社会性和客观性,它不以某一社会集团或个体成员的主观爱憎为转移。例如,阶级社会里,对直接关系阶级利害的事物,不同的阶级就有不同的情态,如“共产主义”在人民看来,是个伟大的理想、光辉的事业,而反动腐朽的剥削者就把它视为洪水猛兽。“共产主义”一词的情态色彩不会随着不同阶级的使用而获得“褒”和“贬”这两种不同的情态色彩。“共产主义”是个褒义词,是个极其光辉的词语,这是由共产主义消灭贫困、消灭愚昧、消灭剥削、消灭压迫的伟大理想的客观本质所决定的,是为广大的革命人民所公认,并且是约定俗成了的。少数剥削者的阶级偏见和阶级的爱憎是改变不了具有客观性和社会性的词语的情态色彩的。

(二)民族性

词的情态色彩,也具有民族性,因为,它和我们汉族人民对客观事物传统的观点,对某些词语传统的独特用法是相互关联的。例如,我们汉族人民对“青松”四季常青、经寒不凋的性质,对“寒梅”傲雪凌霜、花开报春的特点极其赞赏。古今的艺术创作,把它们作为人们高风亮节的象征加以讴歌的作品俯拾皆是。如陈毅《冬夜杂咏·青松》:“大雪压青松,青松挺且直。要知松高洁,待到雪化时。”陆游《卜算子·咏梅》:“驿外断桥边,寂寞开无主。已是黄昏独自愁,更著风和雨。无意苦争春,一任群芳妒。零落成泥碾作尘，只有香如故。”因而在汉民族艺术创作的生活领域里，“青松”“寒梅”两个词，就有赞许的情态意味。汉民族历史上的传统观念，把“喜鹊”看作是“吉祥鸟”，认为它的到来是喜事的先兆，至今《民歌》里还有这种说法。如“喜鹊到，送喜报，社员生产劲头儿高”。而把“猫头鹰”看作是一种“不祥鸟”，认为它的到来是凶事出现的先兆，所谓“夜猫子(猫头鹰的又名)进宅，无事不来”。因而，这两个词直到今天还带有褒贬意味的痕迹。再如，“龙”“凤”“麒麟”等是我们汉民族历史上虚构的“神物”，称谓这种“神物”的词，都有褒奖的情态色彩。这类词语，或者是其他民族语言所没有的，或者即使有但情态意味却与汉语不同。这就显示了我们汉语词汇情态色彩的民族特点。

(三)行业性和地域性

词的情态色彩也可能带有行业性和地域性。例如，在旧社会以狩猎为生的猎户中，有一种传统迷信，误认为“虎”是山林中的主宰，从而对“虎”这个词赋予敬畏的意味。“水”在我们民族共同语中无特定的情态意味，但在福建漳州，“水”被认为是一种幸福的源泉。渠边上的高坑村，祖辈都把水看成大福。三百六十个男人的名字，有一百二十人带水字。什么江水、泉水、溪水、天水、水源、水财，等等。有两家……一家兄弟四个，排行叫象水、把水、吊水、浇水。说明“水”这个词，在高坑村人这类用法里带有鲜明的情态色彩。这种行业性、地域性的色彩并未取得全民性，当然不能作为我们民族共同语中的一般现象看待。但这些事例却可以说明词的情态的形成，和人们的传统观念关系是非常密切的。

二、现代汉语词汇情态色彩的类型

词汇里并不是所有的词都有特定的情态意味。表示语法关系的“因为”“所以”“和”“同”“关于”“对于”等词，没有情态意味；“桌子”“椅子”“学习”“阅读”“暖和”“凉爽”“自己”“别人”“就”

“很”等词，也没有特定的情态色彩。没有情态色彩的词和有情态色彩的词相对立，也可以算一种类型，即情态色彩中立型，它的情态色彩也可以说是“零情态”。这一类型没有更多的内容可以介绍，这里我们着重讲非中立的情态色彩。

对非中立的情态色彩的分类，可以从情态的性质和表达方式两个角度来进行。

（一）从情态色彩的性质来分类

人们对事物的情态是复杂多样的：爱的和憎的；褒奖的和贬斥的；歌颂的和诅咒的；尊敬的和蔑视的；仇恨的和友好的；亲切的和冷淡的；郑重的和谐谑的；庄严的和幽默的；直率的和婉曲的，等等。但从词的情态性质着眼，给情态色彩分类，却很难分得这样细致。因为这些情态意味体现在具体的词上，交叉性极强。所以在这里只综合分为以下几类。

（1）敬重、礼貌的（敬词、礼貌词）。例如：

导师	首长	阁下	神州
高论	高见	高寿	高龄
请问	借光	劳驾	谢谢

（2）喜爱、褒奖的（爱词、褒词）。例如：

头头儿	小妞儿	小鱼儿	小伙儿
伟大	祖国	廉明	坚贞
忠勇	果断	牺牲	光荣

（3）厌恶、贬斥的（恶[wù]词、贬词）。例如：

流氓	市侩	骗子	暴君
刽子手	野心家	阴险	
残暴	自私	下流	

(4)委婉、讳饰的(婉词、讳饰词)。例如:

彩号(伤员的讳饰词)
寿木(棺材的讳饰词)
寿衣(装殓死人的衣服的讳饰词)
长眠(死的婉词)
发福(胖的婉词)
试想(想的婉词,用于质询)
走水(失火的讳饰词)
失明(瞎的婉词)
与世长辞(死的婉词)
太平间(停尸房的讳饰词)
到寿了(快死了的婉言)

多义词的情态色彩也可能是多色彩的,并分属于不同的类型。如"骄傲"的本义是自高自大,变义是自豪自尊。它在表达本义时情态色彩是贬斥的,表达变义时情态色彩就是褒奖的。"东西"的本义是泛指事物,变义是特指人或物。表达本义时,如"他买了不少东西",它的情态色彩是中立的;表达变义时,如"战犯总是要逮捕的,不能让这些东西逃掉",情态色彩就是憎恶的;在说"这小东西(指小孩儿)真精明"时,又包含有喜爱的意味。

(二)从情态色彩的表达方式来分类

从表达方式看,有些词的情态是通过附加词缀的办法表示的;有些词的情态,没有相应的附加词缀的表达形式,而是由词义的内容直接决定的,词义本身就包含着人们对该事物的爱憎、褒贬的态度和评价。前者我们称为"附缀型",后者我们称为"语义型"。

1. 附缀型

现代汉民族共同语里,没有专职表示情态色彩的词缀。像

“黑不溜秋”“花不棱登”“甜拉巴唦(suō)”这种加“不××”“拉巴×”表示厌恶意味的现象，作为表示情态的词缀也不典型。前缀“老”、后缀“子”“儿”“主义”等表示情态的作用都是兼职的。

(1)加前缀“老”表示亲切意味。例如鲁迅《阿Q正传》中的相关片段内容：

赵府上的两位男人和两个真本家，也正站在大门口论革命。

阿Q没有见，昂了头直唱过去。

“得得，……”

“老Q。”赵太爷怯怯的迎着低声的叫。

“锵锵，”阿Q料不到他的名字会和“老”字联结起来，以为是一句别的话，与己无干，只是唱。“得，锵，锵令锵，锵！”

“老Q。”

“悔不该……”

“阿Q!”秀才只得直呼其名了。

阿Q的名字在赵太爷的嘴里，居然和“老”字联系起来，“阿Q”变成了“老Q”，就因为前缀“老”加在有关人的称谓前面，有表示亲切情态的作用。赵太爷怕阿Q革命革到他的头上，为向阿Q讨好，故以“老Q”呼他，表示亲切。

(2)加后缀“儿”表示喜爱意味。例如曲艺在《黑驴段》中的相关片段内容：

说黑驴儿，道黑驴儿，
小黑驴儿它长得有个意思儿。
白尾巴梢儿，花肚皮儿，
雪里站的四个小银蹄儿，
在嘴里衔着个铜嚼子儿，

稀里哗啦铜锁子儿，
金鞍子儿，银镫子儿，
檀香木刻的那个驴轴根儿。

后缀“儿”是名词的标志。加到动词、形容词后面，有名物化的作用。有的表示“小”的意味。表示“喜爱”的情态只是它的作用之一。

(3)加后缀“子”表示厌恶意味。例如：

头子　老头子　老婆子
狗子　鬼子　　驴子

后缀“子”的“憎”的情态意味，往往是和“儿”的“喜爱”的情态意味相对应的。如“老头儿”“老婆儿”“小孩儿”等加“儿”，和“老头子”“老婆子”“小孩子”等加“子”，情态意味恰恰是一爱一憎，两者正是分工合作的。

(4)加后缀“主义”表示否定意味。例如：

自由主义　个人主义
本位主义　分散主义
教条主义　经验主义
机会主义　本本主义

“主义”并非专门表示否定情态的后缀，有些附加“主义”的词，如“共产主义”“集体主义”“社会主义”“现实主义”等，还是褒词。“主义”有主见、观点的意思。“自由”“个人”“机会”“经验”等，在一般意义上并无贬义，“自由”“经验”甚至还是褒义。但它们不能成为一种社会行为或革命行动的最高准则，如果把它们“主义化”，作为根本的理论原则，就走向反面，成为应该否定的东西了，这是这些词附加“主义”褒义贬化的原因。

2.语义型

属于这一类型的词是多数。敬词、褒词、贬词、幽默词、礼貌词、婉言词等都是。一部分爱词、憎词也属这类。例如：

伟人 俊杰 模范 英雄

汉奸 战犯 民贼 独夫

洋气 流气 少爷 小姐

晚安 去世 致敬 再见

三、现代汉语词汇情态色彩词的运用

情态色彩词的存在，可以使人们在表情达意时爱憎分明，褒贬明朗。在阶级社会，人们的爱憎有鲜明的阶级性，情态词的选用，往往是阶级的观点、立场的反映。如第一次国内革命战争时期，国民党右派仇视当时的农民运动，因此，他们就用“糟得很”“痞子运动”这样的贬词否定它；与此相反，毛泽东同志就用“好得很”“革命先锋”“是四十年乃至几千年未曾成就过的奇勋”这类褒词赞扬它。国民党为了发动内战，镇压革命，就造了“奸党”“奸军”“匪区”“奸区”这类贬斥的辞令诬蔑革命，而革命的人们对同样的事物，则以“救星”“红军”“解放区”等肯定的字眼来称呼。所以，词语的运用应充分注意它的情态色彩，用对了，旗帜鲜明，用错了，是非颠倒。有些词语的情态不明显，特别需要仔细辨析，否则极易用错。比如：他废寝忘食地寻捷径、找窍门，以求一鸣惊人，出人头地；抗战时期，敌人像砍瓜切菜般地屠杀着我村的妇女小孩，一片鬼哭狼嚎的声音传到数里之外。第一个例子中的“废寝忘食”是褒词，“寻捷径、找窍门”有投机取巧的意思，是不值得肯定的行为。用褒奖的情态词语形容否定的行为，是搭配不当的。第二个例子中的“砍瓜切菜”情调轻松，“鬼哭狼嚎”是憎恶的口吻。用轻松的字眼形容敌人对我们的屠杀，用厌恶的情态词语来描绘被害者的哭声，在客观效果上是长敌人威风，灭自己志气。这种用词不当现象，往往是对词的情态辨析不清导致的。

为了加强语言的感染力，“褒词贬用”或“贬词褒用”（即修辞学中说的“反语”)也是允许的。如毛泽东同志称支持蒋介石打内战的帝国主义者为“可爱的洋大人”,把国民党反动派称为“亲爱的国民党先生们”;鲁迅先生在《纪念刘和珍君》中把反动军阀屠杀学生称为“惊心动魄的伟大”,把国民党镇压少数民族的暴行叫“最宽仁的王化政策”,都是褒词贬用的例子。这种用法有强烈的讽刺作用,但运用时必须注意上下文的安排,不能引起误解。

第二节　现代汉语词汇的形象色彩

现代汉语词汇的形象色彩是在词的形象意义基础上形成的一种感性联想色彩。它是在主体对客观对象进行了感性认识的基础上形成的,依靠的是感觉、表象和想象。本节将对形象色彩的形成、类型和作用进行阐述。

一、现代汉语词汇形象色彩的形成

听到“牛、马、花、树”等词,人们脑海中会浮现出牛、马、花、树的形貌,读或听小说中的描写词句,会使人似乎看到所写到的人物的声音笑貌和各种各样的景物。前者是表象,是过去感知的形象的复活,后者是想象,是感知所留下的表象重新组合得到的形象。由于表象想象的心理活动,词能在人脑中生出所反映对象的形貌这种情况,这就是词汇的形象色彩。形象色彩的形成不是简单地由一方面的因素决定的,它的形成有三个基础,分别为客观基础、语言基础和心理基础。

(一)客观基础

抽象词与形象色彩无缘,只有具象词才拥有形象色彩。具象词所表达的有形可感、有色可视、有声可闻、有味可嗅的客观对象是形象色彩形成的客观基础,是形象色彩赖以产生的源泉。如

“火海”一词的形象色彩是建立在“火”与“海”两种具体可感的事物之上的。“胡子拉碴”的形象色彩是建立在“满脸未经修饰的胡子”这一具体状态的基础之上的。没有客观存在的具体的事物、现象、状态、行为等因素，形象色彩是不可想象的。

（二）语言基础

汉语词汇的形象色彩是一个语言学范畴，它的形成不能脱离语言手段和语言要素，语言手段主要指造词、构词、构形的方式，语言要素主要是指可以鲜明体现形象色彩的要素。

1. 造词法

人们在造词的时候，往往都会从不同的角度、不同的侧面或者出于不同的考虑而选用不同的方法。能够使词汇的形象色彩得以形成的造词法有比喻法、借代法和说明法。

2. 构词法

词的音节和结构方式对形象色彩的形成及体现有着不可忽视的影响。从音节方面来讲，词有单音、复音，单音词除了个别象声词感叹词外一般不蕴含形象色彩。因为单音节既无从修饰又难以描绘，所以很难作为形象色彩的载体。比如“树”“红”“跑”等。形象色彩词一般限制在双音节或多音节的范围内。

3. 构形法

对词的形象色彩产生影响的是重叠构形法，即同一个词由于重叠而产生变体形式，由非重叠的形式变为重叠的形式。对于形象色彩而言，这种重叠变形主要表现为两方面的作用。

有些单音节词，重叠前没有形象色彩，重叠以后，则具有了某种形象感。如“高”“胖”“红”“绿”“嫩”“圆”等，单纯表达客观事物的某种性状，词的形式中既无形象手段，又不蕴含形象要素，因而缺乏形象感。而重叠之后的“高高”“胖胖”“红红”“绿绿”“嫩嫩”

“圆圆”等，却明显地生动形象，就是因为其中使用了“重叠”这一形象手段。

某些双音节词本身就含有形象色彩，重叠之后强化了这种色彩。如“雪白”“通红”“碧绿”“漆黑”“花白”“铮亮”“梆硬”“冰凉”“溜圆”“喷香”等词，都蕴含清晰鲜明的形象色彩，但是如果将其ABAB式重叠或者AAB式重叠，变成“雪白雪白”“通红通红”“漆黑漆黑”或者“冰冰凉”“喷喷香”的形式后，随着词的词汇意义程度的加强，形象色彩也更为浓郁鲜明。

（三）心理基础

形象色彩一方面是客观存在的一种意义，我们称之为形象色彩义；另一方面它又是一种主观的形象感，这种形象感的形成与显现都离不开主体的心理活动，主要表现为“联想”。

“联想”，心理学界定为“由当前感知的事物回忆起有关的另一件事物，或由想起的一件事物又想起另一件事物”①。又分“相似联想”“相关联想”“关系联想”等类型。形象色彩的形成就与这几种联想类型有关。

二、现代汉语词汇形象色彩的类型

（一）从感觉体验方面来分类

从感觉体验方面来分析，形象色彩分为视觉形象感、听觉形象感、触觉形象感、味觉形象感和嗅觉形象感几种类型。

1. 视觉形象感

视觉形象感是以主体对客观对象的视觉认识为基础，然后由词汇所反映的巩固在词的形式中的一些看得见的形象性特征。

① 曹日昌. 普通心理学(上册)[M]. 北京：人民教育出版社，1963：251.

比如“火海”“雪白”“泥泞”等词所具有的想象色彩就表现为鲜明的视觉感。视觉形象感还可以分为静态和动态，前者多以名词和形容词来表示，比如“映山红”“黄灿灿”等，后者多以动词来表示，比如“摇曳”“旋转”等。

2. 听觉形象感

听觉形象感以主体对客观对象的听觉体验为基础，由相应的词语来诱发的一种形象感觉。这相应的词语主要指象声词、感叹词。如“咣当”“哗啦”“嗖嗖”“稀里哗啦”“啊”“哟”“哈哈”“嘿嘿”等词所具有的形象色彩即是作用于人类的听觉器官而形成的一种听觉形象感。

3. 触觉形象感

触觉形象感以主体对客观对象的触觉体验为基础，由相应词语形象地表达，又形象地诱发出来的一种形象感觉。如“梆硬”“溜软”“硬梆梆”“软绵绵”“滑溜溜”“凉丝丝”“疙里疙瘩”等词的形象色彩即是作用于人的触觉器官而形成的一种形象感。

4. 味觉形象感

味觉形象感以主体对客观对象的味觉体验为基础，由相应词语加以形象地表达又形象地再现的一种形象感觉。如“蜜甜”“溜酸”“甜丝丝”“酸溜溜”“辣乎乎”等词的形象色彩即是作用于人的味觉器官而形成的。

5. 嗅觉形象感

嗅觉形象感以主体对客观对象的嗅觉体验为基础，由相应词语加以形象地表达又形象地再现的一种形象感觉。比如“香喷喷”“臭烘烘”“腥乎乎”等词的形象色彩就是作用于人的嗅觉器官而形成的。

（二）从形象色彩与词汇意义的关系方面来分类

从形象色彩与词汇意义的关系方面来分析，可以分为内蕴色彩与外附色彩。形象色彩作为色彩意义的一个类聚，虽然不能遍及所有的词，但确是形象色彩词词义内容的构成部分之一。对于该类词而言，其意义内容由词汇意义、语法意义、形象色彩（有些词可能还包含其他色彩）三部分组成。形象色彩与词汇意义之间存在交融关系和衬托关系，所以形象色彩也分为内蕴色彩和外附色彩。

1. 内蕴色彩

绝大多数词的形象色彩是渗透于词汇意义之中的，与词汇意义水乳交融，浑然一体，不可分割。所以称该类色彩为内蕴色彩，它有别于语体色彩等外围色彩。

内蕴色彩深深植根于词汇意义之中，从词典的释义中可以清楚地观察到这一点。例如：

林立：像树林一样密集地竖立着，形容很多。

羞赧：因害羞而红了脸的样子。

淋淋：形容水等液体往下流的样子。

松涛：松树被风吹动时所发出的像波涛一样的声音。

袋鼠：哺乳动物的一科，前肢短小，后肢粗大，善于跳跃，尾巴粗大，能支持身体，雌的腹部有皮质的育儿袋。吃青草野菜等。产在澳洲。

浪潮：比喻大规模的社会运动或声势浩大的群众性活动。

钢丝：用细圆钢拉制成的线状成品。

对形象色彩义的解释方式有几种一般的常用的格式。如

“像……一样”“形容……的样子”“……的样子”“像……”“有……”“比喻……”“形容……”“指……”“……状”等。由此可以引发主体的各种联想，产生鲜明浓郁的形象感觉。

形象色彩词一般是标记有形、有声、有色、有状态、有动作的具体的客观事物和现象的，由此抽象概括而来的概念本来就偏重于客观存在形象特征的概括、说明。而主体在造词时又将其整体的或某一方面的形象性特征有意识地纳入词的形式中，有意识地在词的形式中加以表现。这样由概括具象的客观存在而产生的，又用活泼生动别致的词来表达的“概念”，也即“词汇意义”，与同样以具象的客观存在为基础，以某些造词、构词的方式为手段，以活泼生动别致的词作为载体的“形象色彩”紧密相连。如果我们解释、认识、理解“袋鼠”，而忽视了其腹部的“育儿袋”，解释、认识、理解“林立”，而无视其“像树林一样密集地竖立着”的特征，这种解释、认识和理解不仅是不完整的，而且没有从根本上触及概念的本质特征。因此，可以说内蕴色彩与词汇意义血肉相连，它对词汇意义的渗透是一种本质的、全身心的渗透。

当然，两者虽关系密切，但并不等同，并不意味着不能从不同的角度去理解，进行分项研究。因为它们毕竟是两种截然不同的意义类型，其性质、特点、职能等方面都存在差异。

2. 外附色彩

有少数情形，形象色彩仅仅依附于理性意义存在，并未渗透于理性意义之中，而呈现为一种潜在的衬托的形式，我们称该类色彩为外附色彩。主要指两种情形而言。

(1)指由比喻法产生的比喻义，如“包袱”的“思想负担”义，“辫子”的“把柄”义，“咽喉”的“形势险要的交通孔道”义，它们本身表达的虽是抽象的概念，不能自生形象色彩，但是却又具有鲜明的形象感。这主要是得力于派生该类意义的基本意义的衬托。如“包袱”的“用布包起来的包儿”，“辫子”的“把头发分股交叉编成的条条儿”，“咽喉”的“咽头和喉头”义，它们本身有形象意义，但无形象色彩，由此派生而来的抽象义虽无形象意义，却含形象色彩。产生这种现象的原因主要有三点：第一，派生义的产生是以基本义所表现的客观对象形象方面的特征为基点的。“包袱”是由“沉甸甸”的特征引发出“思想负担”义，“辫子”是由“容易抓”而派生出“把柄”义，“咽喉”则是由其“重要的位置”特征而产生“形势险要的交通孔道”义，所以客观事物的形象性基点在此起了重要作用。第二，是因为比喻手法的运用，可以使主体的感觉、联想出现“挪移”，从基本义挪至派生义，同时将基本义的形象意义也挪移了过来，因为失去了真实的客观存在作基础，一下子由实指到虚指，这种形象意义便转化为形象色彩。第三，是因为基本义和派生义在现阶段都频繁使用，而且基本义更常用，所以提到比喻义，容易迅速地在主体的头脑中显示出基本义的形象义，正如条件反射一样。所以抽象义形象色彩的获得要依赖于基本义的衬托。如果基本义不再是常用义，那么，比喻义也很难再从中传承形象色彩。如“基础”，基本义为“建筑物的根脚”，该项意义现阶段一般在建筑领域使用，更广范围的、更高频率的使用是其比喻义“事物发展的根本或起点”，如“基础知识”“经济基础”等，由于基本义的使用范围及使用频率都受到很大限制，而比喻义的使用范围又是如此之广，使用频率如此之高，所以在很多情况下，两者难以再彼此相连，赖以衬托的基本义不再有能力予以陪衬，比喻义也就只好逐渐变为纯粹的抽象义了。

(2)指用标记具象事物的词素直接构造表抽象意义的词，词本身虽然字面是标记具象事物，但实际上没有具象意义，只表达抽象的概念。如“铁拳”比喻强大的打击力量；“铁蹄”比喻蹂躏人民的残暴行为；“铁腕”指强有力的手段和强有力的统治；“铁饭碗”比喻非常稳固的职业；“乌纱”比喻官位；“累卵”比喻局势极不稳定，随时可以垮台；“挂靴”比喻足球队员退队；“挂花”比喻作战负伤流血；“挂锄”表示锄地工作结束；“爬格子”代指勤奋艰苦的写作，等等。该类词语的创造分别动用了两种修辞造词法。一种是比喻，如“铁拳”“铁蹄”“铁腕”“铁饭碗”“乌纱”“累卵”；另一种是借代,如“挂靴”“挂花”“挂锄”“爬格子”。无论“喻”还是“代”,共同点都是在词的形式中只出现“借体”而不出现“本体”,都是借具体的来比喻或代替抽象的,都是有具体词而没有具体义,都有具体的事物现象或行为动作作隐形的潜在的客观基础,词的形象色彩也就由此而来。

三、现代汉语词汇形象色彩的作用

(一)形象色彩在静态存在时的作用

1. 引人联想

形象色彩词,以其特有的形象性,引发主体展开联想的思绪,不由自主地去感悟、体味那丰富多彩的客观世界。如“麦浪”一词,使人们联想到一望无际的麦田,被风吹起,犹如大海的波涛一般此起彼伏。“梅花鹿”则让人们想起一种鹿,身上的花纹状如梅花。

2. 精确表义

一部分形象色彩词的形象性因素在显示形象色彩的同时,兼有精确表义的功能。如“裙裤”“筒裤”“喇叭裤”,在表义形象的同时,准确地反映了裤子的不同形状。“鹅黄”“米黄”“杏黄”“橙黄”“橘黄”“金黄”;“草绿”“葱绿”“墨绿”“碧绿”“鸭蛋绿”“苹果绿”;“橘红”“桃红”“杏红”“血红”“枣红”“玫瑰红”;“雪白”“银白”“鱼肚白”等,准确地区别了具有细微差别的各种不同的“黄”“绿”“红”“白”。再如“鸡心领”“马蹄袖”“燕尾服”等也在形象生动的基础上准确地说明了衣服的领子、袖子及其他方面的形状样式。例中的“裙”“筒”“喇叭”“杏”“米”“雪”“鸡心”“马蹄”“燕尾”等,既是带给词形象色彩的形象要素,又是精确限定词义的要素,两方面互相结合,互相依赖,互相促进。形象特征越突出,也就越容易显示自己的特点,越容易与其他词区别开,即个性越突出,也就越形象。

3. 模糊表义

有一部分形象色彩词的形象性因素在显示形象色彩的同时,兼有模糊表义的功能,在不需要精确的时候,模糊语义就是非常必要的,它在许多情况下能达到精确语义所不能达到的修辞效果。如红有"红扑扑""红彤彤""红不棱登";黑有"黑乎乎""黑黢黢""黑洞洞""黑魆魆""黑不棱登""黑不溜秋",很难说清楚几种红、几种黑的具体区别是什么(色彩意义除外),其中的"扑扑""彤彤""不棱登""乎乎""不溜秋"等,既是导致词产生形象色彩的形象性因素,又是导致词产生模糊性特点的模糊性因素。正因为如此,有些词表相同的语义可以用不同的后缀。如"黑糊糊"也作"黑忽忽""黑乎乎";"黑黢黢"也作"黑漆漆";"红彤彤"也作"红通通";"黄灿灿"也即"黄澄澄"。"红""黑"之类,相对而言要精确一些,但却缺乏"红扑扑""黑漆漆"之类词所具有的修饰形容性,缺乏生动形象之类的修辞色彩。这同一成分的两个方面互相依赖、互相促进,因为该类词所具有的描摹性是一种模糊的描摹,而不是清晰的描摹,那么在描摹中有模糊,而又在模糊中体现其描摹的特点,即形象生动的特点。

(二)形象色彩在语用中的作用

1. 审美功能

形象色彩以其先天具有的特质作为优势,创造形象、生动、活泼的美学境界,使主体思绪活跃,联想飞动,具有强烈的美感体验。形象色彩词以其与词汇意义迥然不同的特点,为理性的语言世界带来无穷的魅力,为人类带来极其愉悦的审美情感体验。

语言是人类最重要的交际工具,而交际是双向的集体活动。人们一方面利用语言构造言语;另一方面,也要倾听别人的话语,欣赏他人的篇章。在这双向的过程中，即编码和解码的过程中，如果能够形象地表达自己的思想感情，就会感受到一种创造的愉悦；如果能够欣赏他人形象生动活泼的话语篇章，就会感受到一种审美的愉悦。事实上，这两者是紧密联系在一起的，唯其有形象的创造，才会有形象境界的形成。例如贾平凹《月迹》中的相关片段内容：

> 奶奶说："它走了，它是匆匆的；你们快出去寻月吧。"我们就都跑出门去，它果然就在院子里，但再也不是那么一个满满的圆了，尽院子的白光，是玉玉的，银银的，灯光也没有这般儿亮的。院子的中央处，是那棵粗粗的桂树，疏疏的枝，疏疏的叶，桂花还没有开，却有了累累的骨朵儿了。

这一段描写中秋月的文字，无疑给我们一种深刻的审美感受，而美感在此无疑是来自于形象感，形象感的获得又与"满满""玉玉""银银""粗粗""疏疏""累累"等词的运用密不可分。它们一方面充分显示了语言自身的美；另一方面，更重要的是，在此特定的语境中，也创造了优美如画的意境。

形象生动是作家孜孜以求的语言美质之一，要达到这样的修辞目的，形成这样的美学倾向，离开了千千万万的鲜明生动的丰富多彩的形象色彩词是无法想象的。

2.充当风格的构成要素

"形象、生动、活泼"既是一种语言美质，也是一种语言风格，是与"郑重、严肃、庄重"等完全不同的一种语言风格。形象色彩不仅参与了这种风格的构成，而且充当了主要角色。一种语言风格的形成，往往要由多种要素加以构筑，是语音的、词汇的、语法的、修辞的等多种因素综合作用的结果。在词汇方面，形象色彩词的运用是其中最不可忽视的因素。例如杨朔《雪浪花》中的相关片段内容：

> 凉秋八月，天气分外清爽。我有时爱坐在海边礁石上，望着潮涨潮落，云起云飞。月亮圆的时候，正涨大潮。瞧那茫茫无边的大海上，滚滚涛涛，一浪高似一浪，撞到礁石上，唰地卷起几丈高的雪浪花，猛力冲击着海边的礁石。那礁石满身都是深沟浅窝，坑坑坎坎的，倒像是块柔软的面团，不知叫谁捏弄成这种怪模怪样。

这一段描写海的文字，给我们印象最深刻的感受是形象、生动，体现出非常鲜明的形象生动的语言风格。这种语言风格的形成，当然有着多方面的因素，但是一系列形象色彩词的运用，如"清爽""茫茫无边""滚滚""涛涛""撞""唰""雪浪花""猛力""冲击""深沟浅窝""坑坑坎坎""怪模怪样"等，无疑是构建形象、生动风格的最重要的语言基础。

3.使语言简洁、凝练

形象色彩在创造形象、生动的语言风格的同时，还可使语言简洁、凝练，一步到位。因为形象色彩词本身含有比喻、修饰的成分，所以在很多情况下，它被直接运用于语境中，省却了临时的比喻、比拟、借代等能使语言形象生动的修辞格，而又能替代类似的修辞手段，同样创造形象生动的修辞效果。例如石英《武夷山的雨》中的相关片段内容：

> 果然，雨丝从云层中直线摇下，开始是缓慢的，柔和的，不大一会儿，节奏随之加快，势头越来越猛，变成斜射的雨箭，再以后，母箭中又分生出许多子箭，雨星儿演化成腾腾水雾，漫天一片泛白，竟难以分出丝缕来了。这时，我总感觉得空中似有多少只巧手，在迅疾利落地赶织一架硕大无比的水的幔帐……
>
> 天黑时，清风像利剑似的切断了雨丝，只在屋檐上还滴落着已近尾声的雨珠。

这段文字描写的是武夷山的雨，从"雨丝"到"雨箭"，由"雨星儿"到"水雾"再到"幔帐"，雨由小到大；从"直线摇下"到"斜射"，到"腾腾"，再到"硕大无比"，雨也是由小到大，由慢到急。作者层层写来，笔触非常细腻，过程非常清晰，但文字又是那样的简洁凝练。不写"雨如丝一样细"，而用"雨丝"；不写"雨像箭一样从高空斜射下来"，而直接用"斜射的雨箭"。其中的"雨丝""雨箭""母箭""子箭""雨星儿""雨珠"等形象词语的运用，是"小比喻"代替了"大比喻"，固定的比喻代替了临时的比喻，简洁的比喻代替了复杂的比喻，所以形象生动中又避免了啰唆繁杂，有一箭双雕之妙。

第三节　现代汉语词汇的语体色彩

语体色彩又称风格色彩，是指不同的词适用于社会交际的不同范围，适用于不同文体这种情况。很多词能在不同的交际范围，不同的文体中通用，但有一些词适用于某一交际范围，某一文体，而不适用于另一交际范围，另一文体。本节将对现代汉语词汇的语体色彩的分类、表现风格和语用功能进行研究。

一、语体色彩的分类

语体首先分为口语体与书面语体两大类，书面语体又分文艺、科技、政论、公文四种类型。相应地，语体色彩也分为口语色彩与书面语色彩。书面语色彩包括文艺语体色彩、科技语体色彩、政论语体色彩、公文语体色彩。词的语体色彩就是由语体所深深打上的语体烙印。

各种语体所运用的词语，既有通用词语，也有特用词语，即专用词语。通用词语隶属于所有的语体，而不专属于某一特定语体，因而从语体色彩的角度分析，它保持中性特点。蕴含语体色彩的是各语体的特色词语和常用词语。如“审核”“批示”“批准”“免除”“此致”“兹因”等，是公文语体的专用词，含有公文语体色彩。“拂晓”“梦呓”“羞怯”“旷野”“灰蒙蒙”“亮晶晶”“郁郁葱葱”“苍苍茫茫”等，是文艺语体的特色词，带有文艺语体色彩。“断层”“地垒”“黏膜”“无机”“欧姆”“微分”“磁场”“抗生素”“马铃薯”等，是科技语体的专用词，带有科技语体色彩。“民主”“自由”“政党”“开放”“接管”“总值”“效益”“冲击”“预期”“构想”“原则”“承包制”“一国两制”等，构成政论语体的常用词语、社会政治词语，因而带有政论语体的色彩。特用词语在各语体中所占比例并不相同。文艺、科技、政论语体中的特用词语，从数量、规模方面看，是大批量的词语，而公文语体因受语体规格性、模式化的限制，其专用词语的数量是极为有限的。

二、语体色彩的表现风格

（一）典雅

典雅，即古朴雅致。这种风格色彩主要来自于古语词，也就是文言词，包括文言实词和文言虚词。如“晨曦”“巨擘”“鄙薄”“造诣”“涂炭”“瑟缩”“之”“乎”“若”“故”等，这是过去的书面语即文言文中所使用的词语，至今还保留着“雅”的特点，而且在当代书面语日益接近口语的今天，其“雅”的特点更为显著。

（二）通俗

通俗，即浅显平易。这种风格色彩主要来自于口语词、方言词。口语词包括口语实词和口语虚词。比如“得劲”“拉倒”“吆喝”“耳刮子”“脑门子”“好容易”“哼”“喽”“嘛”“呀”“哎哟”等。方言词是从各地群众的口头语言中吸收而来，它们往往带有通俗活泼的风格特点。此外，“通俗”中还包含一小部分“粗俗”的词。比如“妈的”“放屁”等。

(三)藻丽

藻丽,即华美绚丽。这种风格色彩主要来自于形象性、抒情性、描绘性很强的文艺词语。如“柔美”“梦幻”“旋律”“纯净”“湿润”“萦绕”“悠然”“辉煌”“摇曳”“闪烁”“激昂”“浓郁”“吹拂”“寂静”“轻飘飘”“朦朦胧胧”等。

(四)庄重

庄重,即正式谨严。这种风格色彩主要来自于科技术语和社会政治词语。如“原子”“质子”“生态”“对数”“指数”“加仑”“伏特”“车床”“刨刀”“太阳系”“银河系”“马铃薯”等,既不通俗亲切,也不华丽生动,而是质朴庄重。“愚昧”“落后”“统治”“文明”“腐朽”“崩溃”“援助”“国情”“官僚”“专制”“联盟”“商谈”“妥协”“下野”“在野”“妨碍”“波动”“接管”“可行性”“空想家”“顽固派”等词语也表现出朴素无华、严肃庄重的风格特点。

三、语体色彩的语用功能

(一)实用功能

各种不同风格的词语的存在,首先是为了满足交际的需要,为各层次、各行业、各领域、各场合、各对象的交际需要服务的。因为人类交际是一种极其复杂浩繁的活动,因而实用功能,即服务于正常的交际,是最基本的功能。词语的风格色彩在实用方面,主要表现为这样用能不能、行不行,用了之后听者“懂不懂”的问题。不同风格色彩的同义词的存在,为这种交际的需要提供了可能。相同的意思,用这一种风格色彩的词语达不到传递信息、交流思想的目的,可以换成另一种风格色彩的词语来完成。

（二）美学功能

1. 和谐美

不同语体色彩词语的存在，服务于各语体的语言交际，不同格调、韵味词语的存在，适用于不同格调、韵味的言语环境，风格色彩相一致的词语，运用于相同的交际领域、相同的言语篇章，从而使言语的总体风格协调一致，有利于形成语言和谐美。语言和谐美表现在许多方面，它是许多和谐综合作用的结果。

（1）带有风格色彩的词语，如果和语言交际的内容相适应相协调就会显示一定的和谐美。

（2）词语的风格倾向应该与其表现出的语体协调一致，这样才能显示出整个语体格调的和谐美。

（3）使用具有风格色彩的词语，帮助塑造典型形象，使人物语言与人物个性相适应，也是一种和谐美的体现。

（4）词语的风格倾向符合特定交际场合的气氛、格调，也会给人以和谐美的感觉。比如在庄重肃穆的外交场合，要选择典雅、庄重、严谨的书面词语，如“会晤”“接见”等。

（5）词语的风格色彩还应该与交际对象的身份、地位、名誉、成就等相适应，才能恰如其分、和谐自然。

2. 变化美

风格色彩词除构筑语言“和谐美”之外，还能形成语言变化美。改变词语的固有风格，变格淡用，是语言变异运用的一种。词语在运用的过程中，故意无视自身的风格倾向，进入不相关的语境中，从而造成格调、韵味的不协调，以求收到特殊的修辞效果，形成语言变化美。词语风格色彩的变异运用，主要表现在以下几个方面。

（1）科技术语应用于文艺语体，临时具有了文艺语体色彩，而丧失它所固有的术语色彩，能形成形象、生动、幽默、风趣、嘲讽等独特的表达效果。这是语体色彩不协调最常见、表现最突出的一种。例如陈祖芬《朝圣者与富翁》中的相关片段内容：

> 裘宗沪那瘦小的妈妈更是个巨大的噪音能源……裘宗沪在噪音四起的家庭里挣扎，终于能以他的专注，去中和一切噪音。无穷大的数乘上零总等于零。那么，随便多大的噪音碰上他的专注，总是等于安静。

例中运用了“噪音”“能源”“中和”“无穷大”“零”“等于”“乘上”等一系列的科技术语，有物理学的、数学的，还有化学的，非常形象生动地说明了裘宗沪所处的环境及他对此做出的努力与抗争。而术语本身也失掉了术语色彩，带有了比喻的生动形象性。

(2)政论语体词用于日常生活的交际领域，本来庄重的词语不再庄重，变得幽默、诙谐、俏皮。例如王蒙《杂色》中的相关片段内容：

> 曹千里挪动了一下身体，他本以为改变一下姿势可以减轻一点痛苦，缓和一下肚内的局势，谁料想刚把身子向左一偏，就觉得有许多液体在胃里向左一涌，向左一坠。

“缓和”“局势”均有其典型的政论语体色彩，在此用于痛苦的“肚内”，显得非常轻松幽默，无形中将肚内的病痛减轻了许多。

(3)一些具有书面语色彩的词语用于口语体中，有时可以达到特殊的修辞目的。在这方面表现最典型的是文艺语体中的人物对话。人物语言本应是口语化的，在某些特定情景中为了塑造典型形象的需要，而夹杂一些书面语词，与言语环境的风格极不协调，却与人物性格相吻合，往往含有独特的讽刺、幽默的意味。如著名作家曹禺先生在其名剧《日出》里塑造了一个俗不可耐、酸不可耐的女人顾八奶奶，此人满嘴文明词儿：“所以我顶悲剧，顶痛苦，顶热烈，顶没有法子办。”“你真是个杰作！又香艳，又美丽，又浪漫，又肉感。”这些书面语词在她嘴里堆砌起来，让人感觉既肉麻，又好笑。虽然与上下文语境的风格不协调、不和谐，却达到了人物语言个性化、塑造典型形象的目的，在幽默中含有辛辣的讽刺。

3. 委婉含蓄美

语言中有一部分词汇带有委婉的风格色彩，这些词汇因为是某种社会心理的反映，所以一般情况下与交际方式无关。常常是适应特定的场合，为了各种不便明说的原因或为了避免各种各样的情感刺激而运用的。例如徐怀中《西线轶事》中的相关片段内容：

照部队规定，当战士的是不准谈“个人问题”的。这一条历来很明确，没有任何含糊的余地。

“个人问题”即是“恋爱问题”，因为描写的是女兵，所以用一个比较委婉的说法来代替。

第四节 现代汉语词汇色彩意义的变化研究

中国社会的巨大变化对现代汉语产生了十分深刻的影响，这种影响更明显、更集中地表现在当代汉语词汇系统的发展与变化上，而词汇系统变异的一个突出表现就是汉语词汇色彩意义的变化。词汇的色彩意义出现了种种新趋势、新现象，本节主要对现代汉语词汇色彩意义的变化及其变化的原因进行阐述。

一、现代汉语词汇色彩意义的变化

（一）词汇褒贬义的变化

随着社会的发展，许多词汇的传统感情色彩意义有了很大的变化，主要包括三种情况：贬义褒用、贬义消失、由无到有的贬义。

贬义褒用有其内在理据，它是现代生活多元化在汉语词汇中的反映，是力求充分张扬个性化特征的社会心理在词语使用中的体现，是社会求新、求奇、求险、求异心理的一种表现。近年来，在一些时尚杂志及电视媒体上，一些原本充满贬义的词语成了新一代的褒义新词。如“妖精”一词渐渐失去了原有的贬义，凸显出妩媚动人的褒义。又如“疯狗”一词随着全社会对足球的关注升级，带上了勇猛、坚强等褒义色彩；频繁出现在网络和各种杂志、报纸上的“魔鬼训练营”“魔鬼教官”“魔鬼词典”“魔鬼经济学”“魔鬼天使”“魔鬼身材”等词语，以夸张的姿态描述一种艰苦的看似不可思议却极其有效的训练方式或者极其另类的完美。还有不少原本没有褒贬色彩的词语在语用中发生了变化，带上了或浓或淡的贬义色彩，甚至形成了一个贬义词语链。因最初的“水门事件”是美国历史上最不光彩的政治丑闻之一，“门”成了一个有贬义色彩的词根。“监控门”“虐囚门”“手机门”等都是带有贬义色彩的词语。又如“死党”原有的贬义义项是为某人或某集团出死力的党羽、顽固的反动集团，然而，在港台地区“死党”并无贬义，相当于“知心朋友”。随着方言词语的流行，目前的新词语“死党”已经相当于普通话口语里的“铁哥们儿”了。又如，在现代生活中，“霸”字原有的强横无理、依仗权势压迫人民的贬义逐渐淡化了，取之而来的是广告语言中“强劲的、独领风骚的、无与伦比的”新义项。据此产生的新词语如“声霸”“麦霸”“译霸”“浴霸”“面霸”等都不再有贬义。

（二）新色彩词汇的出现

我们日常生活中的新词语都具有浓重的时代色彩、地方色彩和外来色彩。作为现代汉语词汇的组成部分，毫无疑问，新词语具备现代汉语词汇所有的色彩意义类型和特点，与传统词语有别的是新词语的色彩意义在语用方面的独特特点与变异。

新词语具有丰富的形象色彩，通过修辞手法产生了新意义，大多具有新颖别致、鲜明妥帖的特点。近年来汉语词汇中出现了一批产生比喻义的词。如“搁浅”原指船只进入水浅的地方，不能行驶，近年来又比喻事情遭到阻碍，不能进行；“跳水”原指一种水上体育运动项目，近年来又比喻证券价格、指数和商品价格等急剧下降。汉语词汇中也出现了一批由借代意义产生的新词。如“啃老族”“月光族”“蚁族”，它们指的是当前年轻人，特别是高校毕业刚步入社会不久的大学生们的几种生活观念和生活状态。又如“傻瓜”新义项是中性的、操作简便的（东西）。于是，据此词根构成的一系列新词语均为中性词——“傻瓜相机”“傻瓜电脑”“傻瓜词典”“傻瓜瓜子（已经剥开部分的瓜子）”；中性名词“阳光”有褒义义项光明的、充满希望和朝气的、公开透明的，据此产生的“阳光男孩”“阳光媒体”“阳光企业”“阳光采购”等新词语的色彩也因此转为了褒义；“黄金”一词，因带有宝贵的、好的等褒义义项，据此产生“黄金地段”“黄金时间”“黄金建议”等新词语也就都带上了褒义色彩。

二、现代汉语词汇色彩意义变化的原因

汉语词汇色彩意义是一种社会现象，它无时无刻不受到社会发展的影响，一个时期的词汇色彩意义往往可以成为反映这一时期社会生活面貌的“晴雨表”。因此要了解词汇色彩意义变化的原因，就必须把词汇色彩意义同社会发展的历史、同创造这些词汇的人民的历史密切联系起来研究。这里从政治、经济、文化三个方面分析汉语词汇色彩意义变化的原因。

（一）政治原因

社会的政治制度、体制，政治运动，政治思想倾向等方面的因素以及这些因素的变革直接影响某些词汇社会政治色彩的有无、转移、增添等变化，而这种色彩一方面常常伴随正义与非正义、进步与倒退、先进与落后等社会政治观念的不同而产生感情色彩的差异，主要体现为感情色彩中有肯定、否定内容色彩的褒义色彩和贬义色彩的差别；另一方面，社会政治色彩往往是重大社会历史内

容的体现。在特殊的历史时期,往往就会出现带有这一时期社会政治色彩的词语。这些词语在之后可能就不用了,但它们反映了当时的政治情况。

（二）经济原因

经济对文化的影响往往会超过政治。人类的语言从它产生那天起就与人类的经济活动密不可分。二者相辅相成,共生共存,关系密切。词汇是人们进行沟通、交易的重要媒介,因此它是一项不容轻估的经济要素。随着科学的快速发展,市场经济体制的建立与完善,对外开放的进一步扩大,中国现代社会呈现出一种更加开放的态势,行业自身的社会化程度越来越高,相应地,就会催生一些新的词语,影响词汇色彩意义的变化。如金领、粉领、白领、蓝领、草根等。这些词都是在当时的生产力发展水平下,应新事物的需要而产生的;没有新事物的出现,也就不可能出现这些词,这些词汇的语体色彩意义和时代色彩意义也就不会存在。改革开放使我们与世界各国有机会进行经济上的碰撞。发达国家在经济方面的进步,使许多先进的事物以文化形式传播。大量的外来语涌入国门并和汉语交织在一起,共同表达一些新的概念和事物。这些外来词汇作为外来色彩的负载者,对外来色彩和整个色彩意义系统也是一种丰富和补充。

（三）文化原因

语言是文化和思想的核心,是构成社会秩序和文化表现的基础。我们生活在语言之中,通过语言表情达意,与人沟通互动。词汇是语言的基本构成要素,是记录文化的符号系统,与语言及文化相互影响和制约。任何词汇系统都受到人文等因素的影响和制约。因此,一种语言随着其使用而变化词义,相当一部分词汇色彩意义的变化是受文化背景影响的结果。“社会历史的发展总是不断地伴随着思想、文化的运动和浪潮,它们在特定的历史时期产生重要的社会影响,从而刻有该时期的深深的时代印记。

在这种运动和浪潮中涌现的反映运动中新事物、新现象和新思想的词被赋予浓厚的时代色彩。”如恐龙、青蛙、狼原本都是动物的一种称呼，都属于中性词，但在现代词汇中意义则分别变为长相很丑的女性、长相很丑的男性以及专门勾引小女生的坏人。思想文化层面的概念往往不能脱离是非、善恶的评判，所以感情色彩的渗透也在情理之中。如“孔家店”在五四运动时期是指以儒家学说为代表的封建文学思想体系，在当时带有明显的贬义感情色彩，而随着现代对孔子的重新评价和认识，“孔家店”的感情色彩已经发生了从贬义到褒义的感情色彩转变。汉语词汇色彩意义并非单纯地、被动地跟随词汇意义的变化而变化，有时色彩意义的演变发展反过来会促进词义、词汇和语言的发展。词汇意义的变化发展是因为社会、历史、认识、心理、语言等多方面的需求而发生的，有的是单一因素影响的结果，有的则是多种因素综合作用的结果，词汇的色彩意义就是影响词汇意义的因素之一。随着词汇色彩意义在发展中出现的褒贬义的变化，词汇的使用频率不断提高，运用范围的不断扩大，久而久之，词汇原有意义及感情色彩不再常用，演变成新的词义，而且新词义在语言的词汇系统中也逐渐被固定。

通过对现代汉语词汇色彩意义变化的探讨与分析，我们可以得到以下几个方面的认识：其一，从词汇的发展角度观察，词汇色彩意义确实是词义内容不可或缺的组成部分。其二，词汇色彩意义虽然就其存在方式而言依附于词汇意义，但色彩意义又有其独立自主的一面，有自己独立的发展变化。其三，词汇色彩意义的变化是和社会发展的诸多因素紧密相连的。其四，词汇色彩意义的历史演变是对色彩意义本身的阐述，也是对整个词义变化、发展的阐释。从某种意义上说，有时色彩意义的变化发展代表了整个词汇的变化发展。

第五章　基于功能视角的现代汉语词汇运用研究

人们不论是进行口头交际还是进行书面交际，都是为了准确、恰当地表达自己的意见、看法和感情。而人们能够将自己的意见、看法和感情表达得准确且恰当，与其运用的现代汉语词汇是否准确、恰当具有密切的关系。也就是说，必须要注重现代汉语词汇的运用这一问题。

第一节　现代汉语词汇的声音与意义选择

对于现代汉语词汇来说，声音是其形式，意义是其内容。因此，在对现代汉语词汇进行运用时，必须要注意选择声音正确、意义恰当的词汇。在本节内容中，将详细阐述一下如何对现代汉语词汇的声音与意义进行选择。

一、现代汉语词汇的声音选择

汉语是富于音乐性的语言，从音节来看，一个汉字就是一个音节，而每个音节往往都需要有元音作为它的主要组成部分，元音是一种乐音，它清晰响亮，悦耳动听；从声调来看，汉字有四个声调，这使得汉语的音节具有高低顿挫的声调变化，如果注意词语语音的相互配合，就能显得抑扬有致，富有节奏感；从词的结构来看，汉语有双声词、叠韵词、叠音词等，它们的反复再现，可以使语音盘旋回环，连绵不断。汉语所具有的这一特点，要求在运用汉语进行交际时，必须要恰当地选择词汇的声音。具体而言，在对现代汉语词汇的声音进行选择时，可从以下几个方面着手。

（一）音节和谐

在运用现代汉语时，音节和谐是一件很重要的事。只有音节和谐，读起来才能顺口悦耳，否则便会拗口难听。而要保证音节和谐，最主要的是使音节匀称。音节的匀称主要指相等音节的配合，即单音节配单音节、双音节配双音节、四音节配四音节等，如“读书看报”是匀称的，因为“读”和“看”、“书”和“报”都是单音节相配，念起来很顺口，若是改为“读书看报纸”就不顺口了，因为“书”和“报纸”音节不等的缘故。在当前的汉语运用中，这类音节配合方式是十分常见的。例如：

> 他终于摸清了棉苗的脾性，逐步认识了落蕾、落铃、落桃的时间，跟水、肥、光、温等条件的辩证法。（《为了周总理的嘱托……》）

在这个句子中，“落蕾”“落铃”“落桃”都是两个单音节词相配构成的动宾词组，如果改成“落花蕾”“落铃子”“落棉桃”，就没有原来的顺口，原因是前者单音节与单音节相配，后者单音节与双音节相配。“落蕾”三个双音节词组配合在一起也十分和谐，如果其中的一个改为三音节的，就十分拗口。“水、肥、光、温”是四个单音节词相配合，显得匀称，如果把其中的“肥”改为“肥料”或把“温”改为“温度”，显然是不和谐的。

在现代汉语的语句里，双音节是占优势的基本语音段落。双音节化是现代汉语的主要节奏倾向，为了实现语句基本语音段落的双音节化，人们常常通过各种办法把单音节的词凑成双音节。比如，在前面或后面加上没有多少意义的词缀，如“老鹰”“盖子”中的“老”“子”等；把意义相同、相近或相反的词合起来用，如“离别”“美丽”“动静”等；把超过两个音节的词汇减缩为双音节的办法实现双音节化，如将“空中小姐”缩减为“空姐”、将“国家足球队”缩减为“国足”、将“中国人民政治协商会议”缩减为“政协”等；将单音节词重叠使用，如“补补”“洗洗”“飘飘”等。

虽然在现代汉语中双音节词占优势，但这并不意味着现代汉语中只运用双音节词，选用单音节词还是选用双音节词往往需要跟句子结构的匀称、节拍的协调等相配合。例如：

> 我们的文艺工作者需要做自己的文艺工作，但是这个了解人熟悉人的工作却是第一位的工作。我们的文艺工作者对于这些，以前是一种什么情形呢？我说以前是不熟，不懂，英雄无用武之地。（毛泽东《在延安文艺座谈会上的讲话》）

在这个句子中，双音节词“熟悉”和单音节词“熟”同时出现，但它们在句子里的位置却不能互换，主要原因就在于要考虑到句子结构上的匀称性。双音节词“熟悉”跟双音节词“了解”照应、配合；单音节词“熟”跟单音节词“懂”照应、配合，这样句子才结构和谐，节奏平稳。

如果不讲究音节、节奏的匀称、平稳，就会影响语言的表达效果。例如：

> 群山起伏，青苍不断；如逢秋叶正红，置身山顶俯瞰，红中映绿，松竹、山茶、槐、角枫、榆，色彩绚烂。

在这个例句中，“松竹、山茶、槐、角枫、榆”在连续的几个双音节词中夹杂着“槐”“榆”两个单音节词，整个句子的节奏显得凌乱，音步也很不和谐。“红中映绿”是四音节，因而最好与另一个四音节词“色彩绚烂”放在一起，所以应该将其调整为“群山起伏，青苍不断；如逢秋叶正红，置身山顶俯瞰，松竹、山茶、角枫、山榆、国槐，红中映绿，色彩绚烂”。

这里还需要特别指出的一种情况是：在现代汉语词汇的运用中，有时为保证音节的和谐，会添加衬字，即一些为了协调音节而没有具体意义的字。例如：

> 她像山来不自高，
> 她像地来不自卑。（柯仲平《母亲》）

在这个例子中，“来”是衬字，没有具体意义。它的作用是添加一个音节，使诗句变为前四后三的音节结构，这种音节结构比前三后三的结构更富有节奏感，念起来更好听。

（二）词音协调

词音协调指的是句子中词与词之间声音的协调配合。只有词音协调，才能使句子不单调，而且念起来朗朗上口。而要确保词音协调，可以借助以下几种方法。

1. 借助同义异音词的变换来确保词音协调

同一个意思，有时需要用相同的词语来表达，以显示其匀称。但是，过多的词语重复，也会显得单调、死板，所以又需要有变化。例如：

> 风雨侵衣骨更硬，
> 野菜充饥志越坚。（肖华《红军不怕远征难》）

在这个例句中，“更”和“越”是同义副词的变换，这不但使两句诗的用词避免重复而且使声音错落有致，同时在一句之内声音也更和谐。要是上句改为“越”，让“骨”和“越”连在一起，声音就不响亮，也觉得有些拗口，这是因为这两个字的韵母是 u 和 üe，都是开口度很小的韵母。

2. 借助词语的平仄相间来确保词音协调

平仄指的是声调的长短抑扬，王力在论诗的节奏时说：“平声长，所以是扬；仄声短，所以是抑。上下两句抑扬相反，才能曲尽变化之妙。”[①]也就是说，在运用现代汉语时应讲究平仄，如果不讲平仄，或尽用平声，或尽用仄声，都会使人感到拗口，破坏了语言的声音美；只有让平仄有规律地配合运用，才能使语言抑扬顿挫，悦耳动听。例如：

从来也没有看见人民群众像现在这样精神振奋，斗志昂扬，意气风发。（毛泽东《介绍一个合作社》）

在这个例句中，“精神振奋”是平平仄仄，“斗志昂扬”“意气风发”是仄仄平平，这些四字格的内部平仄配合得很好，三个四字格之间的平仄又互有参差，这就使声音波澜起伏、抑扬有致，给人以美感。

3. 借助句尾字的用韵来确保词音协调

句尾词（字）的用韵，也就是通常所说的“押韵”。押韵，就是在句尾选用韵母相同或相近的词（字），这在韵文中显得特别重要。一般的书面语和口语表达虽然可以不必刻意追求押韵，但如果能恰当地对句尾用字加以调整，使其自然入韵，那么就可以大大增强表达旋律的和谐与舒展，收到理想的语音效果。例如：

南国之秋，当然也有它的特异的地方的，比如廿四桥的明月，钱塘江的秋潮，普陀山的凉雾，荔枝湾的残荷等等，可是色彩不浓，回味不永。（郁达夫《故都的秋》）

在这个例句中，“浓”和“永”两字押韵，念起来声音和谐悦耳、流畅回环，从而给文章增添了韵脚和谐的音乐美感。

(三)谐音双关

在现代语言的实际运用中，人们有时特意利用两个词语的同音或近音的关系构成谐音双关，以表达出跟字面上不一样的意

① 李嘉耀，李熙宗．实用语法修辞教程[M]．上海：复旦大学出版社，2007：62．

思，从而达到特殊的表达效果。例如：

有不少教师是身在校园"薪在外"。

在这个例句中，巧妙地利用"薪在外"谐音双关"心在外"，讽刺了当前有些教师不安心教学工作而在社会上赚外快的不正常现象，并达到了含蓄幽默的效果。

二、现代汉语词汇的意义选择

现代汉语中拥有极为种类繁多、数量丰富的词汇，这为词汇的选用提供了极大的可能性。在现代汉语的运用中，只有注重选词造句，才能有效获得应有的语言表达效果。而在具体的现代语言运用中，选择词汇时应在意义上注意以下几个方面。

（一）简练

简练是指用词干脆利落，不重复啰唆。中国南北朝时期著名的文学理论家刘勰在《文心雕龙·议对》中说道"文以辨洁为能，不以繁缛为巧"，意思就是文辞应该以明晰洁净为高明，而不以堆砌华丽的辞藻为工巧，强调要做到简练朴实。

在运用现代汉语时，要做到文辞简练，就要注意不要犯重复啰唆的毛病。思路不清晰，不了解词的意义及语法、语用特点，都会造成语言的重复。例如：

①小丽对待工作很认认真真、勤勤恳恳。
②在我们学校，很多人喜爱的爱好之一是玩游戏。

在例①中，形容词"认真""勤恳"重叠之后也含有程度高之义，所以在它们前面再加上"很"等程度副词就会造成语义重复，因此应改成"小丽对待工作认认真真、勤勤恳恳"。在例②中，"喜爱"和"爱好"之间存在着意思交叉、重复啰唆的语病，应改成"在我们学校，很多人的爱好之一是玩游戏"。

在运用现代汉语时,除了要注意不能重复啰唆外,还要注意不能因过分地追求简练而影响意义的准确表达。例如:

①在同事的帮助下,顺利完成了工作。
②小李是个既聪明又用功的。

上面的这两个例句,都因过于简练而对表达意思造成了障碍。可以将例句①改成"在同事的帮助下,我顺利完成了工作";将例句②改成"小李是个既聪明又用功的孩子"。

(二)确切

确切指的是所用词语能够恰当、细致入微地描写客观事物,表达思想感情,也就是能够通过准确的形式来正确表达内容。这是说话、写文章最基本的要求,而且不论是古代的文学作品还是现在的文学作品,都十分注重词汇运用的准确性。例如:

①采菊东篱下,悠然见南山。(陶渊明《饮酒诗》其五)

②巡警:我给你挡住了一场大祸!他们一进来呀,你就全完,连一个茶碗也剩不下!

王利发:我永远忘不了您这点好处!

巡警:可是为这点功劳,你不得另有份意思吗?(老舍《茶馆》)

例①是一个古代文学作品的例子,关于"见"这个词,不同的版本有不同的用词。有的版本写成"望",有的写成"见"。这两个词比较起来到底哪一个更确切呢?从当时诗人写这首诗的情景来看,当然应该是"见"比"望"更确切一些,因为,他在篱笆边采摘菊花的时候,偶然间不经意地一抬头看见了南山,而"望"这个词给人的感觉是有备而来,是特意为了看而看的,所以还是用"见"显得更为自然、精准,也更符合诗歌的意境。例②是一个现代文学作品的例子,反映的是一些士兵闯进王利发的茶馆强行要钱,巡警从中劝解，王利发给了士兵们一些钱之后才离去的事情。对于这件事，王利发用了“好处”这个词，分量较轻，意思是这是维护治安的巡警们应该尽到的职责，而非帮了自己什么天大的忙，给巡警们一点钱表示一下感谢就够了；而巡警却用了个意思较重的“功劳”一词，即自己帮了王利发一个大忙，王利发还得再多给些。从这个例子可见，不同的角色选用不同的词语，可以准确地表现出人物的不同心理状态。

（三）生动

生动指的是用语言文字反映生活、描写人物时，要做到细腻灵活，真实可感，以便唤起读者的形象感。如果词汇选用得生动，就可以使内容具体化、形象化，从而使人感到有声有色，亲切活泼，富有生气，给人留下鲜明、深刻的印象。而要确保选择的词汇能够达到生动形象的效果，应特别注意以下几个方面。

1. 要尽可能选择动作性强的词汇

一个人的所作所为，是他思想性格的具体表现。在写作中如果注意对人物动作进行细致描写，注意选用一些动作性强的词汇，人物就能神形兼备，栩栩如生。例如：

> 轮到一位穿红毛线衣的同学跳了，只见她仔细地量好脚步后，在班主任的鼓励下，飞一般冲出了起点。她跑得快极了，简直就像一支离弦的箭一般。在身体即将撞到竹竿的一刹那，她猛地向上一跃，一只脚先跨过了竹竿，另一只脚由于用力过猛，收得晚了些，稍稍地碰了一下竹竿，我的心一下子提到了嗓子眼，好险啊！竹竿在架子上跳动了两下，总算没有落下来。一块悬到了半空中的石头终于落了地，刚才竹竿即将掉下来时，人群中曾发出“唉呀，糟糕！”的惋惜声，现在却变成了“真险啊！”的惊叹声。

这是一段描写跳高比赛的片段，那些带点的动词把那位穿红毛线衣的同学量步、起跑、纵身一跃、跨竿、收足、碰竿等一系列动作加以描绘，展示一个生动的场景，使得读者好像也身临其境，看到了这场跳高比赛。

2.要尽可能选择华丽、描写性强的词汇

在运用现代汉语中，只有尽可能选择华丽、描写性强的词汇，才能确保语言新鲜活泼，也才能引人入胜。例如：

水光潋滟晴方好，
山色空濛雨亦奇。
欲把西湖比西子，
淡妆浓抹总相宜。（苏轼《饮湖上初晴后雨》）

在这个例子中，“水光潋滟晴方好，山色空濛雨亦奇”仅仅几个词，就将西湖的妩媚形象地表现了出来。

3.要尽可能选择一些比喻性的词汇

生动并不是一味地由华丽优美的辞藻堆砌而成，也可以根据语境适当地选用一些比喻性的说法，这将给一个本来平淡的句子增色不少。例如：

京城“会虫子”赶场忙
——穿得好　说得少　蹭顿饭　领红包

上面所举的例子是一个新闻标题，主标题用“会虫子”来巧妙比喻那些假借开会之机来捞取好处的人，副题四个简明的短语，概括精练，形象生动。

第二节　现代汉语词汇中虚词和离合词的运用

在现代汉语词汇中，虚词和离合词是两类十分重要的词汇。但是，不少人在对这两类词汇进行具体运用时总是会出现这样或那样的问题。在本节内容中，将具体阐述一下如何对虚词和离合词进行正确运用。

一、虚词的运用

（一）虚词的含义

现代汉语词汇根据其是否具有实在的意义、能否单独用来回答问题，可以划分为两类，即实词和虚词。其中，实词指的是具有实在意义而且能够单独用以回答问题的词汇，如“狗”“蓝色”“跳远”等；虚词是相对于实词来说的，指的是不具有实在意义，仅仅表示语法意义，并且不能单独使用，只能配合实词来组词造句，如“的”“了”“因此”“所以”等。

虚词虽然不具有实在的意义，也不能单独用来回答问题，但是可以用来配合实词造句，帮助实词表达意义。例如：

因为身体不舒服，所以我今天没去学校。

在这个例句中，虚词“因为”和“所以”把两个句子“身体不舒服”和“我今天没去学校”联系在一起，表明前后两个句子互为因果关系。

（二）虚词的准确运用

虚词与实词相比，虚词在数量上要少得多，但是它们的重要性却一点儿也不比实词弱。这与汉语的特点有密切关系，因为汉语缺少严格意义的形态变化，所以主要依靠虚词和语序来承担语法关系。如果在现实交际中取消某些常用实词，如“走”“吃”“来”“书”“电话”等，交际有可能还能进行下去，因为可以采用其他的同义词或其他手段来表现；可是如果取消了某些虚词，比如“的”“了”“不”“把”“吗”等，就可能给交际造成极大的麻烦，甚至影响正常的意义表达。例如：

我妈妈做的饭。

我妈妈做饭。

在这个例子中，去掉虚词“的”，句子的意义发生了明显的改变，原来是说“饭是妈妈做的”，现在却变为“妈妈做饭”这样一个动作行为了。由此可知，在现代汉语中虚词具有非常重要的作用。

既然虚词在现代汉语中具有十分重要的作用，那么就需要对其进行准确掌握和巧妙运用。而且，虚词的准确运用可以加强语气，使表达显得更为准确、更有特色。例如：

我到现在终于没有见——大约孔乙己的确死了。（鲁迅《孔乙己》）

在这个例句中，虚词“大约”运用得非常巧妙，因为“我”没有看见过，也没有听说过，孔乙己的死活对于人们的日常生活并不会造成任何影响，谁也不去关心他，所以用了个“大约”。而“的确”这个虚词则揭示出了一种必然性，即孔乙己的结局不仅因为当时的政治制度，还因为国民性格中的缺陷，他的存在与否既然无足轻重，他除了无声无息地消失，也没有其他的可能了。

既然在现代汉语中虚词的作用是不可忽视的，而且虚词如果用错了地方或用得不恰当将极大地影响表达效果，那么就必须要学会对虚词进行准确运用。具体来说，在对虚词进行准确运用时，以下几个方面要特别予以注意。

1. 要对近义虚词的不同意义进行区分

虚词表示的是抽象的语法意义，要正确地把握虚词的意义，最有效的办法就是进行具体的比较、分析。例如，“往往”和“常常”被大多数人认为是一对同义词，在某些场合可以互相替换使用，而句子的意思也似乎不发生改变。例如：

①他常常睡觉前看一会电视。

②他往往睡觉前看一会电视。

从表面来看，这两个词都是表示行为动作经常发生或情况经常出现的意思。但如果进一步进行仔细比较，就会发现这两个词的不同。例如：

①听说他常常送她上班。

②听说他往往送她上班。

在上面所举的例子中，“常常”和“往往”的语法意义其实并不一样，“常常”强调事情或行为动作发生的经常性和频繁性；而“往往”则强调根据经验。很明显，用“往往”一词的句子是不正确的。

2. 要根据表达内容来选择恰当的虚词

在虚词的使用过程中，应该根据表达的内容来选择恰当的虚词，既不漏用必要的虚词，也不滥用没有必要使用的虚词。

在表达中，如果缺少了必要的虚词，语句之间的语法关系就不清楚，意思也不明确。例如：

开征物业税不仅对降低高房价无益，会进一步加重真实需求者的住房负担。

这一例句是一个递进关系的复句，后一分句缺少跟“不仅”相照应的关联词语“而且”，因而意思表达得不明确，应补上。

虽然在语言组合过程中，虚词能够发挥重要的作用，但是在对其进行运用时还要特别注意恰当使用，而不可滥用。虚词的滥用不但会使表达啰唆，而且有时还会使表达混乱，造成语病。例如：

对于我们公司，由于制定了各种有效的激励措施，提高了大家的工作积极性。

在这个例句中，“对于”是介词，跟其后的名词构成了介宾词组，而使整个句子缺少了主语，不符合语法规范，应删去。

3.要充分考虑到使用的语义背景

只有充分考虑到使用的语义背景，才能确保更加正确地运用虚词。例如：

因为我没有很好地了解情况，仅仅依靠自己的想象，反而大大地误解了他的意思。

在这个例句中，虚词“反而”的使用明显是不对的。若是能注意分析一下“反而”在使用中的语义背景，这类错误就能够避免。“反而”的语义背景主要有四个：一是甲现象、情况出现或发生了；二是按照通常的情况甲现象、情况的出现或发生会引起乙现象、情况的出现或发生；三是事实上乙现象、情况没有出现或发生；四是出现或发生了与乙相反的丙现象、情况。通过对“反而”的语义背景进行分析，就可以知道它应该用在表示“所出现或发生的情况、现象跟所预料的或按常情应出现的结果相反”之义的句子里。

总之，虚词是一类有着复杂用法的现代汉语词汇，需要我们在平常的学习中一个一个地去考察和研究。

二、离合词的运用

在现代汉语中，离合词是一种特殊的语言现象，是词和短语之间需要界定的一个特殊范畴。

(一)离合词的含义

所谓离合词,就是“意义上具有整体性、单一性,但结构上有时可以分开或扩展的语素的组合”①。这类词合则为一,离则为二,也就是说合着的时候是一个词,分开的时候是一个短语。

(二)离合词的语法特点

离合词的语法特点,具体来说有以下几个。

第一,离合词可以直接修饰限制名词或动词,不需要加结构助词“的”或“地”。例如:

办公效率　招生简章　署名文章　变质食品(修饰限制名词)

免费清洗　负债经营　存心捣乱　加倍补偿(修饰限制动词)

第二,大多数离合词能够接受程度副词的修饰。一般而言,这类离合词有很强的离合能力。例如:

生气　忍心　发愁　讨厌
吃惊　着急　纳闷　害怕
费力　着迷　在意　误事
缩水　犯愁　捣乱　享福

第三,离合词经常充当连动式谓语结构中的第一动词。离合词的这一语法特点又可以分为两种情况:一是离合词不扩展而直接进入连动式谓语,这样形成的连动谓语好像是一个固定格式。例如:

① 卢惠惠.现代汉语词汇学[M].上海:学林出版社,2011:201.

出国访问 趁早解决 报名参加 带头参加
编号归类 合影留念 动身前往 宣誓就职

二是离合词扩展以后再作连动谓语的第一动词。例如：

迎着风骑 握着手说 板着脸说 憋着气游
吹着风睡 贴着边剪 带着头闹 摸着黑找

（三）离合词的结构类型

一般来说，离合词可以分为三种结构类型，即动宾式离合词、动补式离合词和联合式离合词。

1. 动宾式离合词

动宾式离合词，又可以细分为以下四类。

一是表示动作行为的语素即动语素可以独立成词，表示动作行为所关涉支配的对象的语素即宾语素一般不能独立成词的。例如：

吃惊 站岗 散步 搭腔
缺德 住院 造孽 告状

二是动语素不能独立成词，宾语素可以独立成词的。例如：

操心 冒险 曝光 留神
赌气 辍学 结账 闭幕

三是两个词素均可以独立成词的。例如：

狠心 拜师 榨油 点名
担心 丢脸 干活 出丑

四是两个词素均不可以独立成词的，如“结婚”“释义”。

2.动补式离合词

动补式离合词的两个语素之间是补充、说明的关系。而且，动补式离合词都是及物动词，都能带宾语。例如：

站稳——站稳脚跟
提高——提高质量

根据两个语素的性质，动补式离合词可以细分为以下两小类。

一是前一个语素性质比较单纯，都是动词性的，因此补充式离合词其实就是指动补式离合词。例如：

提高　抓紧　记住　听到
看见　打破　分开　打倒

二是后一个语素从性质上看，是形容词性或动词性的。例如：

拿出　跑开　推翻　醒来

3.联合式离合词

联合式离合词，从结构上看是联合式。例如，“睡觉”是联合式离合词，其中“睡”是“进入睡眠状态”，“觉”是从睡眠到醒来”。在语言实践中，联合式离合词大都被当作动宾来使用了。

(四)离合词的准确运用

由于离合词是可以进行扩展的，因而在对其进行运用时，最为关键的是掌握如何对其进行扩展。具体而言，对离合词进行扩展的方式主要有以下几种。

1.用动态助词进行扩展

这里所说的动态助词，主要指的是“了”“着”“过”。用动态助词对离合词进行扩展，可以表示动作行为的时态。

当强调离合词所代表的动作已经完成，而且在同一个句子中不再有其他的动作发生时，不扩展。比如，劳动人民翻身了、他辞职了、他订婚了。当强调离合词的构词成分——动词性语素所代表的动作时，可以进行扩展，具体包括以下几种情况。

一是如果强调动作已经完成，用“了”扩展。例如：

劳动人民翻了身了。

他辞了职了。

他订了婚了。

这种情形，一般有句尾“了”，或者后边还有其他动作紧接着发生。例如：

①他吃了饭就出去了。

②我们见了面以后，谈了很多事情。

二是如果强调的是动作的持续，用“着”扩展。例如：

①门口有两个人站着岗。

②他正吃着饭。

三是如果强调的是过去的经历，用“过”扩展。例如：

①他们在小河边散过步。

②他给我帮过忙。

2.用趋向动词进行扩展

这里所说的趋向动词，主要指的是“起”“上”“下”，其中以插入“起”的离合词最多。例如：

发起脾气来　生起气来　着起迷来
吃上饭了　放下心来　睡起觉来

3.用数量词(词组)进行扩展

大部分离合词可以插入数量短语，例如：

立一功　打一次架　唱一首歌
帮个忙　结一回婚　聊一会天

需要注意的是，在离合词中插入数量词(词组)时，有时数词“一”可以省略，如“打次架”就是“打一次架”，“帮个忙”就是“帮一个忙”。另外，离合词中如果插入的是动量词，数量短语就同动语素发生补充关系；如果插入的是名量词，数量短语就同宾语素发生限制关系。

4.用较复杂的语言成分进行扩展

离合词的中间可以插入一些复杂成分，具体有两种情况。一是两种或三种成分同时插入。例如：

①砸了自己的锅。
②受不了这门子气。

在例①中，“砸锅”的中间插入了“了”和“自己的”两个成分；在例②中，“受气”中间插入“不了”“这”“门子”三个成分。

二是插入其他的词或短语。例如：

①狠狠心　聊聊天　睡睡觉　握握手
②喝倒彩　听得懂　看不见　操碎了心

在例①中，将前一动词进行了重叠，有的时候还可以在重叠词之间加上数词“一”，说成“狠一狠心”等。在例②中，在离合词中间插入了其他词语。

5.用其他成分进行扩展

这里说的其他成分，指经常用的“什么”“点儿”“他的（谁的、你的、我的）”等。例如：

吹什么牛　造什么孽　操点儿心　造他的反

在这里还需要特别指出的一点是，离合词的扩展形式大多用在口语中，而且常用来表达说话人的轻视、蔑视、不满等态度，所以要特别注意使用场合。例如：

女儿：妈妈，晚上我想跟同学一起去看电影。
妈妈：看什么电影啊！你作业还没写完，不许去。

在这个例句中，加点部分是对“看电影”持反对态度，显然是不同意、不允许的口气。

第三节　现代汉语词汇中特殊词汇的运用

这里所说的现代汉语词汇中的特殊词汇，主要指的是成语、歇后语、惯用语和谚语等。它们作为词汇的特殊组成部分，在结构和意义上具有一些共同的特征。在本节内容中，将具体阐述一下如何对成语、歇后语、惯用语和谚语进行运用。

一、成语的运用

（一）成语的内涵

成语是长期以来形成的一种定型的语素组合体，形式上像短语或小句。

1. 成语的形式

成语以四字结构为主要形式，如“炉火纯青”“手舞足蹈”“三顾茅庐”“千钧一发”等。由于四音节结构比较灵活，又能体现汉语声调特有的节奏感和音韵美，而且最符合中国传统文化追求对偶的审美心理，方便记忆和诵读。因此，“四字格”成语的数量占了成语的绝大多数。

成语除了有四字结构外，也有少数成语由三个字组成，如“莫须有”等；还有由四个以上的字组成的成语，如五音节的“欲速则不达”“物以稀为贵”，六音节的“风马牛不相及”，七音节的“醉翁之意不在酒”“近水楼台先得月”“心有余而力不足”，八音节的“攻其不备，出其不意”“千里之堤，溃于蚁穴”，九音节的“司马昭之心，路人皆知”，十音节的“卧榻之侧，岂容他人鼾睡”，十一音节的“以其人之道，还治其人之身”等。

2. 成语的特点

成语的特点，具体来说有以下几个。

(1)凝固性

成语的凝固性特点主要是针对成语的结构而言的。成语由于是相沿已久、约定俗成的，因而在结构上凝固成型了。它的结构成分——语素，如果没有特殊需要，一般不能随意颠倒，不能用意义相同、相近的来替换，也不能任意增加或减少。因此，不能将“麻木不仁”说成是“麻痹不仁”，将“胡作非为”说成是“非为胡作”。

(2)整体性

成语的整体性特点主要是针对成语的意义而言的。成语是多个语素意义的高度融合，即成语一般是表示一个概括的、不可分割的完整意义。不过，在不同的成语中，整个成语的意义与各个语素的意义的关系是不完全相同的。有的成语的意义与语素的意义已经丧失联系，整个成语的意义不能从语素的意义推断出来，如“瓜田李下”“青出于蓝”等。有的成语的意义与构成成语的语素义有一定的联系，整个成语的意义虽然不是几个语素义的简单相加，但是由它们的意义引申出来的。人们根据这些语素的意义，可以大致推测出整个成语的意义，如“对牛弹琴”“班门弄斧”等。

(3)多样性

成语的多样性特点指的是成语的语法结构关系多种多样，包括主谓结构（如八仙过海、叶公好龙）、动宾结构（如顾全大局、包罗万象）、偏正结构（如锦绣河山、败军之将）、联合结构（如安居乐业、傲慢无礼）等。

(4)民族性

成语的民族性特点指的是成语比较完整地保留了中国古代汉语词汇、语法等方面的特殊现象，也深刻体现了中国悠久而深远的历史底蕴，反映了汉民族人民的生活方式和精神状态等。

3. 成语的来源

成语的来源，较为常见的有以下几个。

一是来源于口头俗语，如“千夫所指”取自“千夫所指，无病而死”的口头俗语。类似的成语还有：

五花八门	颠三倒四	细水长流	狼子野心
四平八稳	一干二净	拐弯抹角	成年累月
水到渠成	人山人海	量体裁衣	指手画脚

二是来源于寓言故事，且通常会说明一定的道理，如“滥竽充数”取自战国时期的一个寓言故事。类似的成语还有：

愚公移山	守株待兔	画蛇添足	按图索骥
杯弓蛇影	狐假虎威	刻舟求剑	拔苗助长
画龙点睛	叶公好龙	杞人忧天	浑水摸鱼

三是来源于神话、传说，如“女娲补天”取自女娲炼五彩石补天的上古神话传说。类似的成语还有：

精卫填海　夸父追日　嫦娥奔月　开天辟地
八仙过海　劈山救母　火眼金睛　伏羲造字
后羿射日　牛郎织女　沧海桑田　女娲造人

四是来源于历史故事，如“卧薪尝胆”取自春秋时期越国国王勾践励精图治以图复国的故事；“望梅止渴”取自三国时期曹操的故事。类似的成语还有：

闻鸡起舞　夜郎自大　四面楚歌　请君入瓮
草木皆兵　负荆请罪　洛阳纸贵　毛遂自荐

五是来源于诗文语句，如“萍水相逢”取自唐代著名诗人王勃《秋日登洪府滕王阁饯别序》中的句子“关山难越，谁悲失路之人？萍水相逢，尽是他乡之客”；“温故知新”取自《论语》中的句子“子曰：‘温故而知新，可以为师矣。’”类似的成语还有：

一日三秋　春色满园　赴汤蹈火　晴天霹雳
举一反三　学而不厌　柳暗花明　人面桃花
老骥伏枥　怒发冲冠　莺飞草长　不拘一格

六是来源于外来语言文化，如“昙花一现”“火中取栗”“执迷不悟”等。

（二）成语的准确运用

在运用成语时，要想做到准确，应特别注意以下几个方面。

1. 要对成语的含义进行准确把握

很多成语虽然可以直接从字面猜出其意思，但也有很大一部分成语的意义不能从字面加以解释，也不能从各词的意义的累加和组合中去解释。因此，要对成语进行准确运用，首先需要对成语的含义进行准确掌握。例如，“汗牛充栋”出自柳宗元《陆文通先生墓表》：“其为书，处则充栋宇，出则汗牛马。”正确的解释是牛马运书时累得出汗，书籍堆满屋子，高及栋梁。形容书籍非常多。“汗牛”和“充栋”没有直接的联系，不能望文生义地理解为汗牛塞满屋子直到栋梁。

2. 要对成语的感情色彩进行准确把握

成语大多具有一定的感情色彩，如“松柏之志”“悬梁刺股”“大公无私”“锲而不舍”等是具有褒义色彩的成语；“过河拆桥”“畏敌如虎”“挥金如土”“唯唯诺诺”等是具有贬义色彩的成语。此外，还有一些词语既不带褒扬的感情色彩，也不带贬抑的色彩，属于中性词，如“天涯海角”“不约而同”“万籁俱寂”等。在表示赞扬或肯定意思的场合，不能用贬义的成语；在表示贬斥或否定意思的场合，不能用褒义的成语。

3. 要对成语适用的对象、范围和场合进行准确把握

不同的成语其适用的对象、范围和场合也不尽相同，有的成语只能用于一定的对象、一定的范围、一定的场合。对此，必须要有清楚的区分和准确的把握。例如，“万籁俱静”和“鸦雀无声”表示很静、没有一点声音的意思，但“万籁俱静”是用于描写自然界的寂静，“鸦雀无声”则是用来形容聚集于一定场合的人们极其安静。

4. 要对意义相同或相近成语的差别进行区分

意义相同或相近的成语之间总是存在着细微的差别，在对这类词语进行使用时要格外注意，仔细辨别出它们之间的差异。例如，“日薄西山”“山穷水尽”“穷途末路”都含有穷尽的意思，但是“日薄西山”是比喻衰老的人或腐朽的物接近于消亡；“山穷水尽”是比喻陷入绝境；“穷途末路”是指（敌人）到了无路可走的地步。

（三）成语的修辞作用

吕叔湘先生曾说："成语里边常常有蜜，例如'开卷有益'，也往往有刺，例如'开门揖盗'。"其中"有蜜"是说有智慧，可以使人从正面或反面受到启发和教育；"有刺"是说有机锋，能搔着痒处使人听了会一惊或一笑。吕叔湘先生在这里阐明了成语之所以具有独特修辞效果的原因。周祖谟先生在《汉语词汇讲话》中说："当然，不用成语也未尝不可以把意思表达清楚，但是有时应用成语可以使别人听了更感觉透辟精当，并且得到更深刻的认识。"① 这一论述概括了成语的独特修辞作用。下面简要分析成语的修辞作用。

（1）节奏感强，韵律和谐。成语大多采用"二二相承"四字格，并且注意平仄和谐；通过双声、叠韵等方式增强韵律美。例如：

①我们说肝胆相照，应该互相尊重，平等相待。（巴金《随想录》一三二）

②我惭愧一向读书不多，孤陋寡闻，说不出这文章是谁的作品。（巴金《随想录》一二二）

③我是主张青年发表作品，要"胆大心细"的。（鲁迅《致罗清桢》）

④她……不是随随便便地应付她，也不是空洞无物地哄骗她。（欧阳山《三家巷》五八）

例①中的"肝胆相照"这一成语是"平仄平仄"式；例②中的"孤陋寡闻"构成"平仄仄平"式；例③中的"胆大心细"前后两部分分别构成双声；例④中的"空洞无物"前后两部分分别构成叠韵。

（2）利用同义或反义相对出现，构成不同形式的对偶结构。例如：

---

① 周祖谟.汉语词汇讲话[M].北京：人民教育出版社，1959：81.

①这种感受在乌云的生活中是绝无仅有的。(邓一光《我是太阳》四部二)

②这位东晋皇帝所闹的笑话,和西晋惠帝问虾蟆的叫声是为公还是为私,真真是无独有偶。(郭沫若《驴猪鹿马》)

③方鸿渐自觉本日运气好转,苦尽甘来。(钱钟书《围城》三)

例①中的"绝无仅有"前后两个成分是同义相对,但奇数位语素同义,偶数位语素反义;例②中的"无独有偶"奇数位和偶数位语素分别反义;例③中的"苦尽甘来"前后两个是反义相对。

(3)成语结构凝练,含义丰富,用于说理可以增强说服力。例如:

①重要的书必须常常反复阅读,每读一次都会觉得开卷有益。(马南邨《燕山夜话》)

②我自读书以来,就很信"开卷有益"这句话是实在话,因为不论什么书,都有它的道理,有它的事实,看它总可以增广些智识。(鲁迅《集外集拾遗·聊答》)

"开卷有益"出自晋时陶潜《与子俨等疏》:"开卷有得,便欣然忘食。"意思是只要读书就会有所受益,长期以来都是勉励人们读书的座右铭。例①强调要反复阅读重要的书,例②强调读书的好处是可以增长知识。

(4)成语描绘事物形象生动。例如:

①抬头看见此墙上挂着四幅大屏,草书写得龙飞凤舞,出色惊人。(《老残游记》九回)

②他的书法一向很好,可谓笔走龙蛇,意气纵横。(魏巍《火凤凰》四九)

例①中的"龙飞凤舞"语本梁时萧衍(梁武帝)《草书状》:"婀

娜如削弱柳，耸拔如袅长松，婆娑而飞舞凤，宛转而起蟠龙。”生动形象地描绘了草书笔势飘逸潇洒的特点；例②中“笔走龙蛇”，语本唐时李白的《草书歌行》：“少年上人号怀素，草书天下称独步……恍恍如闻神鬼惊，时时只见龙蛇走。”形象生动地描绘了草书笔势矫健多姿。

大量语言事实说明准确运用成语，的确可以达到言简意赅、生动有力的效果。由此可见，汉语成语是丰富、生动的内容和简练有表现力的形式的统一，正因如此，成语是汉语词汇里使用频率最高的一类词汇。

二、歇后语的运用

（一）歇后语的内涵

歇后语既是我国劳动人民在长期的生产实践中创造的一种特殊语言形式，也是我国人民喜闻乐见的一种语言形式。其语言生动活泼，风趣幽默，生活气息浓厚，并具有鲜明的民族特色。

1. 歇后语的由来

歇后语名称在古代有多种含义。

一是指诗体。《新唐书·郑綮传》：“綮本善诗，其语多俳谐，故使落调，世共号‘郑五歇后体’。”郑綮做宰相后，可能认为自己的诗不足以登大雅之堂，故意不让其流传下来，今天看不到真正的“郑五歇后体”。

二是指“造语法”。元代陈绎曾的《文说》把“歇后语”说成是一种“造语法”。

三是指诗句。南宋洪迈，《容斋诗话》卷二里说：“杜、韩二公作诗，或用歇后语，如：……山花山鸟吾友于……”杜甫《岳麓山道林二寺行》诗：“一重一掩吾肺腑，山鸟山花吾友于。”“友于”代“兄弟”。

四是指语言游戏。

以上四种“歇后语”中，第一、三种是诗体或诗歌语言；第二种属表达方式，相当于现在的反问句式；第四种在近代戏曲、小说里常出现，流行面比较宽。

现在说的歇后语，是指《辞海》《现代汉语词典》所解释的。在《现代汉语词典(第5版)》(商务印书馆，2005，第1 505页)中，歇后语指“由两个部分组成的一句话，前一部分像谜面，后一部分像谜底，通常只说前一部分，而本意在后一部分。如‘泥菩萨过江——自身难保’，‘外甥点灯笼——照旧(舅)’”。

“歇后”这一名称最早出现，是在唐代。在《旧唐书·郑綮列传》中，提到“郑五歇后体”。但它作为一种语言现象，早在先秦时期(公元前221年以前)就出现了。在先秦时期的《战国策》里有一句歇后语“亡羊补牢，未为迟也”，意思是说失了羊再去修补羊圈，还不算太晚。这是我们今天所看到的最早的歇后语。

歇后语一般由两部分组成，前一部分通常是形象的比喻，像谜面；后一部分像谜底，为贴切的解说语。通常说出前半截，“歇”去后半截，就可以领会或猜想出其本意，故称为“歇后语”。

2.歇后语的结构

歇后语的结构可以分为前后两部分，前半部分是语面部分，后半部分是语底部分。

歇后语的语面部分主要是为了借形象的表述唤起人们的联想，因而其有着十分广泛的选材。有的语面是现实生活中的一些事情，以人的生活经验作比喻；有的语面是想象虚构的事情，这些歇后语发挥了丰富的想象力，虚构了一些现实生活中不可能发生的事情，使得歇后语饶有风趣；有的语面是一种或几种事物，这些歇后语抓住了事物突出的特点，使人很容易理解；有的语面是历史故事或神话传说等。例如：

撑不开的伞——没骨头

擀面杖吹火——一窍不通

船头上跑马——走投无路
周瑜谋荆州——赔了夫人又折兵
老鼠入风箱——两头受气
二郎神的慧眼——有远见

歇后语的语底部分是整个歇后语的重点，在实际运用中，直接表达语义的是语底部分，如“我是哑巴吃黄连，有苦说不出啊”，句中“哑巴吃黄连，有苦说不出”这个歇后语直接表达意思的是语底部分“有苦说不出”。相对于语面部分来说，语底部分是更为重要的部分，整个歇后语的意义主要由语底部分来表达，语法性质也由语底部分决定。

一般而言，歇后语的语底部分主要由两类性质的单位构成：一类是固定性结构；另一类是自由性结构。固定性结构指的是在歇后语产生之前语底结构已经产生，它们多是一些固定的短语，如成语、惯用语等。例如：

瞎子逛街——目中无人
瞎子点灯——白费蜡

自由性结构指的是歇后语的语底不是由语言中现成的单位构成的，而是根据歇后语的表达需要临时组合的自由短语或句子。例如：

孙悟空遇到如来佛——跳不出手掌心
闭着眼睛走路——净想歪道儿
八月十五的月亮——年年都一样
刘备的儿子——扶不起

歇后语的语面和语底是一种解释说明的关系，语面一般是具体的事物或形象，在这些具体事物或形象中暗含着一定的抽象事理或性质状态；语底则是对语面暗含的抽象事理或性质状态的解释说明。例如：

报时的雄鸡——不用催（“不用催”说明“报时的雄鸡”的特点）

姜太公钓鱼——愿者上钩（“愿者上钩”说明“姜太公钓鱼”的结果）

肉包子打狗——有去无回（“有去无回”说明“肉包子打狗”的结果）

3.歇后语的类型

一般而言，歇后语可以分为两类，即谐音类歇后语和逻辑推理类歇后语。

（1）谐音类歇后语

谐音即字词的声音相同或相近，谐音歇后语就是在歇后语的谜底部分利用谐音来表达实际意义。这类歇后语按照读音是否相同或相近的特点，还可以再分成两类：一类是读音相同的歇后语；另一类是读音相似的歇后语。

读音相同的歇后语，如：

梁山泊军师——吴（无）用

咸菜煮豆腐——不必多盐（言）

老鹰捕食——见鸡（机）行事

飞机上挂暖壶——高水瓶（平）

读音相似的歇后语，如：

两手进染缸——左也蓝（难）右也蓝（难）

孔夫子的口袋——书袋（呆）子

三月的杨柳——分外青（亲）

山林中烧火——就地取柴（材）

（2）逻辑推理类歇后语

逻辑推理类歇后语的语面是一个比喻，语底是对语面的说明解释，语面和语底在意义上是一种比喻关系。例如：

木头眼镜——看不透
八月十五吃粽子——不是时候
逼公鸡下蛋——刁难人
白布进染缸——洗不清

（二）歇后语的准确运用

在运用歇后语时，要想做到准确，应特别注意以下几个方面。

1. 要尽可能使用内容健康的歇后语

当前流行的歇后语大多是健康文明、清新自然的，尤其是一些具有褒扬色彩的歇后语，如“芝麻开花——节节高”“衫上绣牡丹——锦上添花”。中性色彩的歇后语一般也是内容健康的，如“敲锣卖糖——各干一行”“钟楼里的麻雀——耐惊耐怕”等。但是，歇后语毕竟是一种口头语汇，特别是一些含有贬义色彩的，其中有不少内容陈腐、格调庸俗低下的东西。如“人不为己——傻蛋”“穷人死在大路上——命该如此”就宣扬了“生死有命、富贵在天”和“人不为己，天诛地灭”的封建思想观念，与我们的时代是不协调的，因此应该将其淘汰掉。有些歇后语以生理上有某种缺陷的人为描述对象，如“麻子做报告——群众观点”。有的以妇女或两性关系作为描写对象，如“儿媳妇怀孕——装孙子”等都是一种低级趣味，让人感到庸俗不堪，因此一般情况下不宜使用这些内容不健康的歇后语。

2. 要尽可能使用明白易懂的歇后语

在使用歇后语时，尽可能选用明白易懂的歇后语，避免晦涩和牵强附会。为此，以下两个方面要特别予以注意。

一方面，尽可能少用带有浓厚的地方色彩，不易被全国广大地区的人们理解和运用，只能限制在本方言区内使用的歇后语，如“蜀嘴食胡椒——胡溜溜(福州方言)”“癞格宝坐沙发——该胖哥玩格(四川方言)”等。

另一方面,尽可能避免一些内容晦涩,牵强附会的歇后语,如“黄飞虎反五关——稀奇(西歧)”“晋国借路攻北虢——唇亡齿寒”等。其中的典故,由于年代久远,内容生僻,以此构成的歇后语也不易被一般人理解,因此也不宜使用。至于一些牵强附会的歇后语,则根本没有保留的价值。

3.要注意歇后语书面形式的统一

要保证歇后语书面形式的统一,以下两个方面要特别予以注意。

一方面,当前的谐音歇后语的书写形式很不一致,有的只写本字,不写谐音字;有的先写本字,然后在括号中注明谐音字;有的先写谐音字,在后面括号中注出本字。对此,必须要进行规范。有的学者建议,除少数常用的谐音性歇后语不写出本字或谐音字人们也能理解外,一般要同时写出本字和谐音字,而且要先写出本字,然后在括号中注明谐音字。

另一方面,歇后语中标点符号的运用也有一些混乱现象,这主要表现在同一个歇后语前后两部分中间,有时不用标点符号,有时用逗号或破折号。再有,同一个歇后语有时外面加引号,有时不加引号。这种标点符号上运用不一致的现象,有的与歇后语本身前后两个部分之间语气停顿的长短有关,有的与运用的具体语言环境有关,但也没有什么必然的道理。一般说来,在歇后语中间加上逗号或破折号为好,如果不是特殊需要,一般不需要加引号。

(三)歇后语的修辞作用

(1)通过前后两个部分取材上的相同、相近、相反意义加重语气,增强语言表现力。例如:

①说话办事要石斧凿石磨——石(实)打石(实)!

（晓凡《强者·求实》）

②同志们别笑，我说的这是碌砣砸碾盘，石（实）打石（实）的事。（冯志《敌后武工队》五章二）

③日本侵略者占领了全东北……从此，老东山的日子真是王小二过年，一年不如一年。（冯德英《迎春曲》九章）

④咱家的日子像芝麻开花一样节节高。（肖驰《决战之前》一六章）

例①②是前一个部分取材不同，后一部分表示的意义相同；例③④中基本意义相反，是比较典型的反义歇后语。也有前一部分相同，而后一部分所表示的意义相反，这种歇后语是由于前一部分可以"引"出意义相反的意思来，如"屎壳郎滚蛋——往后爬"和"屎壳郎滚蛋——往前拱"，这是因为屎壳郎滚粪蛋往往是两个一起滚，一个在前身子往前拱，一个在后，倒转身子向后退着爬，后腿推着粪蛋，所以可以引出"往前拱"和"往后爬"。

（2）可以反映丰富的风格色彩。歇后语前一部分的取材与人民尤其是农民的生活密切相关，如"懒婆娘的裹脚——又长又臭""屎壳郎打喷嚏——满嘴喷粪"等，一般认为不雅，但在歇后语里比比皆是，也常被一些作家作品所引用。有些歇后语意义相同，但由于前一部分取材不同产生了不同的风格色彩。如"哑巴吃饺子——心里有数"，前一部分又可作"哑巴吃馄饨""哑巴吃粑粑""哑巴吃汤圆"，这反映了各地人们的饮食习惯，具有了地域性色彩。再比如后一部分是"硬对硬"的歇后语，前一部分有作"铁锤砸铁砧""碌碡砸碾盘""马铁掌踩石板"，这跟人们的职业生活不同密切相关，具有行业特色。

（3）取材广泛，想象奇特，增强语言形象化。歇后语前一部分取材社会的方方面面，以人物、动植物、鬼神、饮食和民俗为常见的描述对象，几乎无所不包，这样使得前一部分内容变化多端、丰富活泼。前一部分善于运用各种手法塑造超越常规的形象。如运用相当于修辞上的夸张手法的：

九两线织布——想得稀奇
冬瓜大的茄子——嫩不了
八十年不下雨——好晴(情)
丈二宽的长袍——大腰(摇)大摆

再如运用相当于修辞里的拟人手法：

老虎推磨——不听那一套
泥菩萨洗澡——越洗越脏
癞蛤蟆坐金銮殿——梦想
老虎戴佛珠——假充善人
老鼠替猫刮胡子——拼命地巴结

(4)可以设置悬念，形成风趣幽默、诙谐含蓄的修辞效果。歇后语的风趣幽默、诙谐含蓄和前一部分具有的悬念性分不开，前一部分设置悬念，使人充满好奇，然后紧接着用贴切注释，使人恍然大悟，产生妙趣横生的感觉。如“高山倒马桶——臭名远扬”“闺女穿她奶奶的鞋——老样”“刚进庙的和尚念佛经——现学现唱”。

三、惯用语的运用

(一)惯用语的内涵

惯用语是以三字格为主要形式，意义上比较固定的词组，如“扯后腿”“背黑锅”“红眼病”等。

1.惯用语的形式

(1)惯用语的语音形式

惯用语的语音形式以三音节为主，如“拍脑袋”“磨洋工”“三脚猫”“扣帽子”等。但是，也有一部分是其他的音节形式。比如，

“亮相”“丢脸”“哭穷”“冒尖”等是二音节惯用语；“打退堂鼓”“吃大锅饭”“火烧眉毛”“打马虎眼”等是四音节惯用语；“山不转水转”“阴沟里翻船”“驴唇不对马嘴”“快刀斩乱麻”等是五音节惯用语；“干打雷不下雨”“七大姑八大姨”等是六音节惯用语；“不管三七二十一”“拔出萝卜带出泥”“东方不亮西方亮”“墙里开花墙外香”等是七音节惯用语；“睁一只眼闭一只眼”“会哭的孩子有奶吃”等是八音节惯用语；“丑媳妇早晚要见公婆”等是九音节惯用语等。

(2)惯用语的结构形式

惯用语的结构形式，主要有主谓结构、并列结构、定中结构和动宾结构等。其中，主谓结构的惯用语有“耳根儿软”“八面光”“天晓得”“八字没一撇”等；并列结构的惯用语有“当面锣对面鼓”“陈芝麻烂谷子”“吹胡子瞪眼睛”“眼中钉肉中刺”等；定中结构的惯用语有“大气候”“定心丸”“闭门羹”“高姿态”等；动宾结构的惯用语有“唱高调”“撑场面”“翘尾巴”“炒冷饭”等。

2.惯用语的来源

惯用语的来源，较为常见的有以下几个。

一是来源于历史典籍，如“破天荒”出自宋代孙光宪的《北梦琐言》等。

二是来源于宗教迷信、神话传说，如“敲木鱼”源于佛教、“替罪羊”源于《圣经》、“露狐狸尾巴”源于我国古代的神话传说等。

三是来源于古代的制度，如“带乌纱帽”“打入冷宫”“抬轿子”“打官腔”等。

四是来源于行业语，如“走过场”源于戏剧用语、“马后炮”源于象棋活动、“打游击”源于军事活动等。

五是来源于谚语或歇后语的省略，如惯用语“牵鼻子”是由谚语“牵牛要牵牛鼻子”省略而成的，惯用语“呱呱叫”是由歇后语“狗撵鸭子——呱呱叫”省略而成的等。

六是来源于方言，如“拆烂污”是南方方言、“老鼻子”是北方方言等。

七是来源于外来词，如“马拉松”等。

（二）惯用语的准确运用

在运用惯用语时，要想做到准确，应特别注意以下几个方面。

第一，要准确理解惯用语的含义，这是准确运用惯用语的一个重要前提。

第二，要尽可能少用有浓厚地方色彩的惯用语。语言是思想的载体，是最重要的交际工具，必须遵循“符号共享”的基本规则，即保证让人听得懂、看得懂。地方色彩太浓的惯用语，会影响交流，因而必须少用，且不能在正式场合使用。

第三，要尽可能少用或不用过分时尚的惯用语。过分时尚的语言，由于出现的时间较短，没有得到全社会的认可，各人的理解可能不一样，其整体意义具有多义性、摇摆性，尤其是具有行业、地区特征的，我们不需要知其然更不需要知其所以然。因此，这类惯用语必须要少用。

第四，不可轻易使用品位太低的惯用语，如“吃豆腐”（喻指戏谑、调情或寻开心）、“鬼剃头”（比喻一夜之间头发忽然脱落的斑秃病）等。

第五，要把握好惯用语的使用对象。惯用语带有贬义的比较多，讽刺意味比较浓，因而使用时要分清对象。

第六，惯用语的结构虽然比成语灵活，但也不能在使用时随心所欲地加以改变。

（三）惯用语的修辞作用

1. 对人物特点的描写形象生动

（1）从人的品貌特征进行形象描绘，如：

①若是儿子不回去，两个老糊涂虫能够善罢甘休吗？（李劼人《大波》三部一章五）

②这一伙尖嘴快舌，笑面虎，使心计的小姐们，我和她们合不来。（茅盾《第一阶段的故事》九）

③（人贩子）没见梁永生的影儿，便横鼻子竖眼地责问翠花道："他哪里去啦？"（郭澄清《大刀记》一卷开篇七）

例子中"糊涂虫"描绘了不明事理糊涂的人；"笑面虎"描绘出一个外表装出笑容、内心却狠毒的人的形象；"横鼻子竖眼"把人凶狠的样子形象描绘了出来。

（2）从人的心理活动进行形象描绘，如：

①必是偷着相看去了。吃着碗里，看着锅里，才娶了三姐，又想第四。（《三续金瓶梅》三回）

②你呀！把我看成什么人了，我对你还不是恨铁不成钢呀。（雪克《战斗的青春》三章二）

例句中"吃着碗里，看着锅里"表现了人物贪得无厌、得寸进尺的心理；"恨铁不成钢"表现了恨人不能尽快成才的心情。

（3）从人的性格特点进行形象描绘，如：

①他们是一路的人，我们有话才可以托他去说。鹏振是见人说人话，见鬼说鬼话的。（张恨水《金粉世家》四六回）

②刘大斗是个吃人不吐骨头的恶霸，群众一想起他们就害怕。（金敬迈《欧阳海之歌》二章五）

③反正我俩就是这么个人，刀子嘴，豆腐心，说过去拉倒，你们可别当真的。（许俊选《金牛奇传》二）

例句中"见人说人话，见鬼说鬼话"形象描写出了人的两面三刀，处世圆滑的性格特点；"吃人不吐骨头"把人的凶残特征淋漓尽致地表现了出来；"刀子嘴，豆腐心"描绘出人的说话尖刻，心肠却很软的性格。

(4)从人的动作行为进行形象描绘,如:

①人们都说,这是换汤不换药,也不过如此而已!(梁斌《红旗谱》二二)

②老头子管不了我,我不能守一辈子女儿寡!就是老头子真犯牛脖子,我手里也有俩体己。(老舍《骆驼祥子》六)

③会运媳妇好了伤疤忘了痛——其实,她身上的伤还没全结疤,就又和野汉来往了。(冯德英《迎春花》一三章)

例句中"换汤不换药"表现人干某事只改变形式,并没有改变实质内容;"犯牛脖子"表现了人要倔脾气;"好了伤疤忘了痛"描绘事情刚过去就不接受教训了,日子刚一好过就忘记了过去的苦难。

2.运用修辞手法使语言丰富生动

例如"背黑锅"比喻代人受过,"'八'字还没有一撇"比喻事情还没眉目,这里运用了比喻的修辞格;"耍嘴皮子"指说动听的话,"嘴皮子"是借代用法;"鸡蛋里挑骨头"形容人故意找茬儿,"拳头上立人、胳膊上跑马"形容性格刚强,这里是运用了夸张修辞格进行描绘。

四、谚语的运用

(一)谚语的内涵

谚语是流传于民间的言简意赅的话语,多数反映了劳动人民的生活实践经验,一般都是经过口头流传下来的通俗易懂的短句。

1. 谚语的性质

谚语的性质，具体表现在以下几个方面。

第一，谚语主要来源于人们的生产生活经验，是口头俗语，是人们口耳相传的凝聚着前人智慧与经验的现成语句，因而口语色彩比较浓，更为浅显易懂。

第二，谚语是一个完整的句子，具体来说就是用一个或几个短句来表达一个相对完整的意思。

第三，谚语在结构上是较为灵活的，它的成分或格式允许有个别变动。比如，“一个巴掌拍不响”可以说成是“一个巴掌不响”“一只手拍不响”，“三十六计，走为上计”可以说成是“三十六策，走为上策”等。

2. 谚语的内容

谚语的内容非常丰富，涉及各个不同的领域，汇集了人们对社会生活各个方面的思考、认识和经验。具体而言，谚语主要包括以下几方面的内容。

一是关于气象的谚语，这类谚语是人们对气象长期观察得出的经验总结，是智慧的结晶。例如：

朝霞不出门，晚霞行千里。
日落胭脂红，无雨也有风。
蜜蜂采花忙，短期有雨降。
先雷后雨雨必小，先雨后雷雨必大。

二是关于农业生产的谚语，这类谚语是人们在长期农业生产实践中加以提炼而成的。例如：

庄稼要好，手勤肥饱。

春天三场雨，秋后不缺米。
春送千担粪，秋收万斤粮。
种子不好，丰收难保。

三是关于生活经验的谚语，这类谚语占有的比重是比较大的。例如：

打架不能劝一边，看人不能看一面。
凡人不可貌相，海水不可斗量。
坐卧不迎风，走路要挺胸。
火车跑得快，全靠车头带。

四是关于民俗风土的谚语，这类谚语就是那些介绍各民族或各地区的风俗习惯以及地方特有的风景物产等的谚语。例如：

入庙拜佛，入乡随俗。
五里不同俗，一地一乡风。
东北有三宝：人参、貂皮、乌拉草。

五是关于人生事理、人格修养的谚语，这类谚语泛指人们在为人处世、接物待人、治家治国等方面所总结出来的经验。例如：

以柔制人，以刚克己。
世上无难事，只怕有心人。
君子之交淡如水。
良药苦口利于病，忠言逆耳利于行。

3.谚语的特点

谚语的特点，具体来说有以下几个。

(1)结构对称

谚语的前后两个构成短句，通常要求结构对称，具体体现在以下两个方面。

第一，语法结构对称，即在谚语前后两个短句中，对应的词要求词性相同，而前后两个短句的语法关系也要求相同。例如："人怕饿，地怕荒"这一谚语，"人"与"地"都是名词，"饿"与"荒"都是形容词，可见对应的词语的词性都相同。此外，"人怕饿"是"主语＋谓语＋宾语"，"地怕饿"也是"主语＋谓语＋宾语"，可见前后句的语法关系也相同。

第二，节奏对称。通常而言，"眼见为实，耳听为虚""小洞不补，大洞叫苦"等四言谚语（前后句都是四个字的谚语）的前后句一般是"二二"的节奏；"火烧一大片，水流一条线""不怕少年苦，只怕老来穷"等五言谚语（前后句都是五个字的谚语）的前后句是"二三"的节奏，"好种出好苗，好树结好桃""是好说不坏，是坏说不好"等五言谚语的前后句则是"二一二"的节奏；"天时不如地利，地利不如人和""有志漂洋过海，无志寸步难行"等六言谚语通常是"二二二"的节奏；"莫学灯笼千只眼，要学蜡烛一条心""一壶难装两样酒，一树难开两样花"等七言谚语通常是"二二三"的节奏等。

当然，也有些谚语只有一个短句，就不存在对称与否的问题了，如"家和万事兴""隔行如隔山""人穷志不短"等。

(2)注重押韵

谚语更多地运用于口头交际之中，所以不仅要考虑前后句结构对称，而且往往要讲究语音美，注重押韵。有的是韵母完全相同，例如：

人急投亲，鸟急投林。

痒要自己抓，好要别人夸。

人心换人心，八两换半斤。

人心齐，泰山移。

有的韵头不同但韵母的主要部分相同，例如：

一个篱笆三个桩，一个好汉三个帮。

人瘦脸皮黄，地瘦少打粮。

夏吃大蒜冬吃姜，不用医生开药方。

不吸烟，不喝酒，病魔见了绕道走。

(3)多用修辞手法

在谚语中，修辞手法的使用是十分广泛的，包括对偶、夸张、排比、比喻、回环和顶真等。

对偶即谚语的前后两句字数相等，结构相似。例如：

上有天堂，下有苏杭。

耳听为虚，眼见为实。

男怕入错行，女怕嫁错郎。

有理走遍天下，无理寸步难行。

夸张即谚语中使用夸张的词语来形容事物的性质特点。例如：

坐吃山空，立吃地陷。

一人修路，万人安步。

千金难买心，万金不卖道。

笑一笑，十年少；愁一愁，白了头。

排比即谚语中并排使用了三个或三个以上意义相关、结构相似和语气相同的短句。例如：

一个巧皮匠，没有好鞋样；两个笨皮匠，彼此有商量；三个臭皮匠，胜过诸葛亮。

一物降一物，卤水点豆腐；蝎子怕公鸡，秧苗怕蝼蛄。

比喻即谚语中运用了比喻句，例如：

兵败如山倒。

春耕如翻饼，秋耕如掘井。

救场如救火。

勤是摇钱树，俭是聚宝盆。

回环即谚语前后两句语序的回环往复的形式，表达某种哲理的一种修辞手法。例如：

用人不疑，疑人不用。

苗多欺草，草多欺苗。

开水不响，响水不开。

便宜没好货，好货不便宜。

顶真即谚语中前一短句的最后一个字或词恰好是后一短句的第一个字或词。例如：

人养猪，猪养地，地养人。

粮多猪多，猪多粪多，粪多粮多。

（二）谚语的准确运用

在运用谚语时，要想做到准确，应特别注意以下几个方面。

第一，要准确理解谚语所具有的思想性。谚语大多表示判断或推理，有较强的思想性。但是谚语的思想性差异很大，比如“情人眼里出西施”说明了一定的哲理，思想性比较健康；而“嫁鸡随鸡，嫁狗随狗”则反映了从一而终，被动无奈的落后思想。对于具有落后思想的谚语，要尽可能不用。

第二，要注意谚语的语体风格色彩，在不同的场合选用不同风格色彩、语体色彩的谚语。

第三，要注意谚语本身都是表达完整意思的句子，因而往往可以单独成句。例如：

心急吃不了热豆腐，做事要慢慢来，不能着急。

人们都说泰山很不错，百闻不如一见，你应该自己亲眼去看看。

第四，要明确谚语是可以充当句子成分的，包括主语、谓语、宾语、定语等。例如：

这山望着那山高是不对的。（主语）

他这山望着那山高，工作不安心。（谓语）

他八十岁还学英语，真是“活到老，学到老”。（宾语）

你懂“饭后百步走，活到九十九”的道理吗？（定语）

(三)谚语的修辞作用

大量谚语传授的知识不仅有实践性，而且具有为群众所喜闻乐见的形象性、艺术性，有“语言中的花朵”之称。

(1)说理时引用谚语，使语言更具有说服力。例如：

①人是要有帮助的。荷花虽好，也要绿叶扶持。一个篱笆要打三个桩，一个好汉要有三个帮。单干是不好的，总是要有人帮。（毛泽东《在中国共产党全国代表会议上的讲话》）

②我们大家对外交工作的经验都不多，还是要发扬民主。“三个臭皮匠顶个诸葛亮。”（周恩来《我们的外交方针和人物》）

③中国有两句谚语：“谁人背后无人说，那个人前不说人？”……世界上完全不被别人误会的人是没有的，而误会迟早都是可以弄清楚的。（刘少奇《论共产党员的修养》）

(2)塑造人物形象使运用谚语，使语言更具有感染力。例如，在《水浒全传》中就引用了许多谚语，如第二十一回阎婆惜与宋江的对话里，阎婆惜说的“公人见钱，如蝇子见血”“那个猫儿不吃腥”“阎罗王面前，须没放回的鬼”这几个谚语，深刻揭露了官府衙吏贪财如命的腐朽本质，同时把阎婆惜的形象刻画得栩栩如生。《红楼梦》中第六十一回中凤姐儿用“苍蝇不抱无缝的蛋”谚语说明事出有因，平儿则说“得放手时须放手”主张睁一眼闭一眼，两个谚语使王熙凤和平儿两个人的性格跃然纸上。在文学作品中运用谚语，可以深刻地表现人物性格，使语言更具有艺术感染力。

第四节　现代汉语词汇的活用

在对现代汉语词汇进行运用时，需要遵守词汇的意义规范和语法规范。不过，为了某种修辞上的需要，在一定的题旨情境下，也可以突破规范，创造性地运用词汇，这就是词汇的活用。词汇的活用能够使语言更加生动，不过词汇的活用是有条件的，离开了一定的条件就不是活用，而是误用。具体而言，在对现代汉语词汇进行活用时，可以借助于以下几个手段。

一、对现代汉语词汇的组合关系进行活用

在现代汉语中，词汇词语之间的组合是具有选择性的，哪些词语可以互相组合，哪些词语不能互相组合，都是有规律的。但是，具体的现代汉语运用过程中，为了达到某种修辞效果，往往可以打破词汇常规的组合习惯，这也是一种词汇的活用。具体来说，对现代汉语词汇的组合关系进行活用主要有以下几种形式。

一是将甲类词用如乙类词，即改变甲类词的语法功能，使它具有乙类词的语法功能。这类词汇的活用在修辞上叫“转类”，但需要注意的是，这些词类的转换是临时性的，而由于词类的转换才使这种组合关系成为可能，而这种组合关系的变化必须以使语言生动化为目的，否则就是病例了。例如：

有一天，我和一位新同事闲谈。我偶然问道："你第一次上课，讲些什么？"他笑着答我："古今中外了一点钟！"他这样说明事实，显示谦逊之意。（朱自清《"海阔天空"与"古今中外"》）

在这个例句中，"古今中外"是一个名词性词组，这里当作及物动词用，后面带了宾语"一点钟"。

二是将适用于甲事物的修饰语移用于乙事物，这类词汇的活用修辞上叫"移就"。"移就"能使语言富有抒情性，增添语言的感人的力量，因此在抒情性的文字尤其是在诗歌中的运用是十分广泛的。例如：

她们被幽闭在宫闱里，戴了花冠，穿着美丽的服装，可是陪伴着她们的只是七弦琴和寂寞的梧桐树。（周而复《上海的早晨》）

在这个例句中，"寂寞"是只有人才有的感觉，这里移用来修饰"梧桐树"，是把人的感觉移到"梧桐树"上去了，是因为人的"寂寞"才使"梧桐树"也变得"寂寞"了。

三是甲乙两事物同时出现，将适用于甲事物的词语拈来用于乙事物。这类词汇的活用修辞上叫"拈连"，即通过超常的搭配来触发读者的联想，使表意丰富、感情强烈、语言生动。例如：

蜜蜂是在酿蜜，又是在酿造生活；不是为自己，而是为人类酿造最甜的生活。（杨朔《荔枝蜜》）

在这个例句中，"酿"这个动词可以同"蜜"组合，但一般不同"生活"组合，这里把"酿蜜"中的"酿"顺势拈来用于"生活"，是"酿"的一种活用。

二、对现代汉语词汇的词汇意义进行活用

现代汉语词汇的词汇意义就是现代汉语词汇被大家所公认

的、在词典中记录的意义，运用现代汉语词语一般都要符合其词汇意义，只有在一定的条件下，才可以超越它的词汇意义来使用，这样的使用就成了一种修辞手段。通常而言，对现代汉语词汇的词汇意义进行活用，主要有以下几种形式。

一是词汇意义同活用意义之间具有比喻关系，这类词汇的活用在修辞上叫“借喻”。比喻是一种最常用的修辞手法，它能够把事物描写得具体形象，也能把抽象的道理说得明白易懂。例如：

> 风过去了，只剩下直的雨道，扯天扯地地垂落，看不清一条条的，只是那么一片，一阵，地上射起无数的箭头，房屋上落下万千条瀑布。（老舍《在烈日和暴雨下》）

在这个例句中，“箭头”比喻“溅起的水”，而“瀑布”比喻“落下的水”，这样在对“溅起的水”和“落下的水”进行理解时便变得形象而生动。

二是词汇意义同活用意义之间具有指代的关系，这类词汇的活用在修辞上叫“借代”。借代是一种经常会用到的修辞手法，它可以增强语言的形象性和感情色彩，同时也可使语言简洁精练并富有变化。例如：

> 我们需要“本本”，但是一定要纠正脱离实际情况的本本主义。（毛泽东《反对本本主义》）

在这个例句中，“本本”指代“革命理论”，这是以具体的事物代抽象的事物。

三是词汇意义同活用意义之间具有相反关系，这类词汇的活用在修辞上叫“反语”。“反语”主要用来讽刺，而讽刺是要掌握好分寸，对敌人和对人民要采取不同的态度，对敌人的讽刺目的是要致敌于死命，对人民的讽刺目的是治病救人。例如：

> 假如当时我已经能够记事儿，我必会把联军的罪行

写得更具体、更“伟大”、更“文明”。（老舍《小花朵集》）

在这个例句中用了“伟大”和“文明”，而实际的意思正是它的反面“卑劣”和“野蛮”，即说明八国联军的罪行深重。

四是词汇意义同活用意义之间具有表里关系，这类词汇的活用在修辞上叫“双关”。“双关”可使语言幽默、诙谐、含蓄、精练。例如：

小俞已经意识到事情的不妙，她和道静两个同时哭了。夜是这样黑暗、阴沉，似乎要起暴雨。多么难挨的漫漫长夜呵！（杨沫《青春之歌》）

在这个例句中，“夜”“长夜”“暴雨”都有表里两层意思，字面上指的是一种自然现象，实际上指的是社会现象，“夜”和“长夜”是指反动统治，“暴雨”是指反动派的反革命行动。这几个词的意义中，词汇意义是表层意义，比喻意义是里层意义，这两层意义同时存在，而里层意义是主要的。

三、对现代汉语词汇的色彩意义进行活用

现代汉语词汇一般都具有一定的色彩意义，它是在词汇意义基础上产生的附加意义。对现代汉语词汇的色彩意义进行活用，最常见的形式主要有以下两种。

一种是改变词汇的感情色彩，这类词汇的活用在修辞上叫作“易色”。“易色”可以使语言诙谐、风趣，提高表达效果。例如：

可就在这时候，他俩发生了第一次争执。原来趁将军弯腰上肩的时候，小李偷偷把绳子往后移了半尺多。这个“舞弊”的做法被将军发现了。将军扭回身抓住绳子往前移过来，不满地说：“这，这不行。”（王愿坚《普通劳动者》）

在这个例句中,“舞弊”原指“用欺骗的方式做违法乱纪的事情”,是一个贬义词,但这里却是指小李移动绳子以减轻将军的负担这件事,这显然是件好事,“舞弊”的贬义色彩已转化为褒义色彩了。

另一种是改变词汇的语体风格色彩,这类词汇的活用在修辞上叫作“降用”。“降用”是由于词汇适应不同的交际环境而产生的,不同的交际环境产生了具有不同语体风格色彩的词汇。通过“降用”,即故意将某些词语的语体风格色彩同它运用的语体和语境相背离,可以产生一种幽默风趣的修辞效果。例如:

奶奶对八十年代兴起的家用电器,说什么也不肯给予“外交承认”。(航鹰《宝匣》)

在这个例句中,“外交承认”是一些政论语体中经常会使用的词汇,具有庄重的风格色彩,一般都用在表现重大事件的文字中,但例中所表现的是一些日常生活中的小事,这一词汇的语体风格色彩因此也得到了改变,它们原来具有的政论语体的庄重的语体风格色彩已不复存在。

四、对现代汉语词汇的音形规范进行活用

一般而言,现代汉语都是有固定的形体和规范的读音的,任何人都不能破坏这种规范,生造词语、割裂合成词或写错读错词语都是用词不规范的表现。但是,在某些时候为了修辞上的需要,可以故意改变词语的形音规范,这是词汇的活用而不是不规范。具体而言,对现代汉语词汇的音形规范进行活用主要有以下几种形式。

一是根据原有的词汇,临时仿造新词。这类词汇的活用在修辞上叫作“仿词”,主要作用是使语言幽默、风趣。例如:

棉花这东西特别喜欢招虫,什么蚜虫,红蜘蛛,造桥

虫，象鼻虫，棉铃虫，简直是虫出不穷。（莫言《白棉花》）

在这个例句中，“虫出不穷”是按“层出不穷”这一成语而仿造的。虽然“层出不穷”在这个例句中并没有出现，但由于上面讲的都是“虫”，因而把“层”变成“虫”，仿造了“虫出不穷”也让人觉得合理而幽默。

二是为了某种需要，故意读错或写错词语。例如：

“哥儿，有画儿的三哼经”，我给你买来了。（鲁迅《阿长与山海经》）

在这个例句中，把“山海经”读写成“三哼经”，是说话人语音的直录，用以表现说话人的文化水平不高，根本不知道《山海经》这部书。

三是将定型的词语故意拆开来用，这类词汇的活用或是为了协调音节、增强节奏感，或是为了嘲讽或幽默。例如：

①他要是骂架我先开口，要打架，我来个先下手的最为强。（二人转《大西厢》）

②他担任世界地理，他的讲义模仿的是章太炎的笔法，写些古而怪之怪而古之的奇字，用些颠而倒之倒而颠之的奇句。（郭沫若《我的童年》）

在例①中，把谚语“先下手为强”中间插入“的最”，说成“先下手的最为强”，很明显是为了增强节奏感。在例②中，把“古怪”和“颠倒”这两个词拆开，说成“古而怪之怪而古之”“颠而倒之倒而颠之”，很明显是为了嘲讽章太炎。

四是变换词汇结构成分的次序。例如：

他为革命多苦辛，
万水千山走得勤。（山歌剧《彩虹》）

在这个例句中，“苦辛”是“辛苦”的变换。一般来说，词汇的结构都是固定的,是不能变换的,而将“辛苦”的结构次序变换,是出于韵文中韵律的需要。具体来说,“苦辛”一词的“辛”可同“勤”押韵,而用“辛苦”,“苦”同“勤”则不能押韵。不过,这种变换只是一种权宜之计。

第六章　基于功能视角的现代汉语词汇规范化研究

在语言中，词汇是最为活跃的一个要素，能够对生活中的种种现象的变化进行最为敏感和最为快速的反映。这就导致词汇在发展变化的过程中不可避免地出现一些不规范的现象，影响语言的健康发展。因此，很有必要对词汇进行一定的规范。在本章内容中，将对现代汉语词汇规范化的问题进行研究。

第一节　现代汉语词汇规范的意义与原则

在很长的一段时间内，人们对于词汇有没有必要进行规范这一问题并没有引起较多关注，甚至认为可以对词汇进行随心所欲的运用。可是，对词汇的随心所欲运用很容易导致沟通、交流出现障碍。因此，对现代汉语词汇进行规范是具有十分重要意义的。而在对现代汉语词汇进行规范时，还需要遵循一定的原则，以确保规范后的现代汉语词汇能够真正促进汉语言的健康发展。

一、现代汉语词汇规范的意义

现代汉语词汇规范的意义，具体来说表现在以下几个方面。

（一）能够促进国家的统一与建设

我国是一个多民族的统一国家，这也要求我国必须要有一种高度精密、完善、具有明确规范的语言。而汉语自古以来就存在众多复杂的方言，如果没有规范统一的语言文字，国家的统一和建设必将受到严重的影响。

（二）能够增强民族团结

现代汉语是汉族人民的民族共同语，是国内各兄弟民族间的民族交际语。若是现代汉语的词汇不规范，则兄弟民族间的交流便会受到严重影响。长此以往，必然会对民族团结造成不良影响。因此，为了增强民族团结，必须要对汉民族共同语进行规范。

（三）能够促进国家间的对外交流

随着我国加入 WTO 以及综合国力的不断增强、国际地位的不断提升，我国与其他国家之间的交流也变得日益频繁。而在交流过程中，我国的通用语言文字即现代汉语作为交际的基本工具和信息的主要载体，在扩大和增进对外交流中的作用越来越突出。为此，需要确保现代汉语的规范化，以保证国家间交流的顺利进行。而要确保现代汉语的规范化，一个重要的举措就是对现代汉语的词语进行规范。由此可知，词语规范化有助于国家对外交流的顺利开展。

（四）能够有效提高民族文化素质

民族文化素质的提高要借助于文化教育，而文化教育要借助于语言文字。如果没有语言文字，文化教育不仅无法提高，甚至无法进行。而为了更好地发挥语言文字在文化教育中的作用，我们很有必要对其进行必要的规范。词汇作为语言的重要组成部分，必然也是规范的内容之一。

（五）能够帮助人们更好地进行交际

在现代汉语中，若是存在一些不利于交际的词汇，必然会对人们的交际产生重要影响。因此，为了帮助人们更好地进行交际，很有必要对词汇进行规范。

（六）能够帮助人们进行正常的生活与工作

对于任何一个人来说，只有具备语言文字的应用能力，才可能正常地进行生活、开展工作。对于教师、新闻工作者更是如此。正因为语言的这种重要性，所以必须要使其规范化。而对语言进行规范时，词汇规范是一项不可或缺的内容。

（七）能够促进科技的发展与进步

科技的发展与进步，与语言有着极为密切的关系，具体表现在两个方面。一方面，科技需要语言作为载体把科研成果予以记录。如果没有语言，科研成果就无法记录下来，更无法延传，科研就会出现断裂，这样非常不利于科技的发展与进步。另一方面，现代科技中的电子计算机、控制论、自动化技术等，几乎都涉及程序语言的问题，一切程序语言都是参照自然语言编制的。因此，要促进科技的发展与进步，必须要对包括词汇在内的自然语言进行规范。

（八）能够帮助外国人更好地学习汉语

我国目前在世界上的政治、经济地位日益提高，外国人学习汉语的热情空前高涨。如果没有统一、规范的汉语言，外国人在学习过程中便会感到无所适从。从这一角度来说，对包括词汇在内的现代汉语进行规范有利于外国人更好地学习汉语。

二、现代汉语词汇规范的原则

在进行现代汉语词汇规范时，必须要遵循一定的原则，其中较为重要的有以下几个。

（一）层次性原则

现代汉语中的词汇是有一定的层次性的，具体来说包括三个层次：一是核心词汇，为全民所使用；二是通用词汇，经常被使用；三是边缘词汇，适用面较为狭窄。另外，对词汇进行运用的人们也有层次之分，以年龄来说可以分为老年、中年、青年、少年等层次。这就要求在进行词汇规范时必须要遵循层次性原则。实际上，只有切实遵循层次性原则进行现代汉语词汇规范，才能使规范后的词汇更好地服务于人们的交际、思维、认知。

（二）约定俗成原则

现代汉语的词汇是从生活中来的，而生活又反映了词汇的选择。我国的广大人民有权利自由地进行词汇创造和选用，因而语言学家在对词汇进行规范时，必须要对人民的选择高度尊重，即必须要遵循约定俗成的原则。只有这样，才能引导现代汉语词汇向着健康方向不断发展。

（三）普遍性原则

从某种角度来说，词汇从产生到定型的过程就是词汇不断地按照普遍性原则从自由到规范的过程。在社会的发展过程中，曾产生过大批适应当时社会面貌与社会发展的新词语，有不少形式现今已不再使用，但在现今的词语中都能够找到与其等义等值的非同形词语，常常是原有词语中的同义语素代替。例如：

分域——分界　　千里镜——望远镜
子药库——弹药库　　看众——观众
狗窠——狗窝　　机器工业——机械工业

在上面所举的例子中，列于前面的是当年曾广泛使用的词或短语形式，在以后的词汇实践中，列于前面的词汇基本上已被淘汰，代替它们的是列于后项的词汇。前项代表了词汇产生及初始使用阶段的原始面貌，后项代表了词汇规范或定型后的定型面貌，这个代替的过程就是词汇意义明确逐步发展定型的过程。这个过程或长或短，其潜在的原因就是词汇形式和内容要求对应或一致，其主要标准就是普遍性原则，这个“普遍”包含了意义内涵的认可和使用准则的确定，其中还常常包含着词语形式对词语意义准确性的要求。

具体而言，现代汉语词汇规范的普遍性原则，就是在进行现代汉语词汇规范时，要确保规范后的词汇的使用具有一定的广泛性，能够被大多数的人所接受和运用。

（四）交际性原则

对外汉语词汇规范的交际性原则，就是在进行现代汉语词汇规范时，要确保规范后的词汇能够有效满足人们的交际需要，继而保证人们的交际能够顺利进行。

（五）感性与理性相结合原则

在进行现代汉语词汇规范时，必须要遵循感性与理性相结合原则。其原因是，词汇的发展变异与社会的发展变化紧密联系，词汇是反映现实的一面镜子，人们在运用这些词汇来表达思想、传递感情的时候，只是注重这些词汇的表达效果，这是社会在语言运用中自然的调节行为。语言学家在对这些词汇进行规范时，要在感性理解的基础上进行理性的分析，对语言应用有意识地采取某些措施，进行必要的干预，以维护语言的纯洁，这是词汇的自觉规范。而只有将感性与理性进行有机融合，才能使规范后的词汇更好地符合时代和人们的需要。

（六）循序渐进原则

现代汉语词汇规范的循序渐进原则，就是在进行现代汉语词汇规范时，对于富有个性和独创性的词汇不宜采用行政命令的方式，而应根据实际情况逐步地进行规范。

随着社会生活的不断发展，新的词汇逐渐产生。这些词汇有些有生命力，有些没有生命力，此时不能搞一刀切，全部废弃这些词汇，也不能不分青红皂白大张旗鼓地倡导使用这些新生的词汇。正确的做法是，我们应该根据具体的语境，不断地调查这些词汇应用的实况，进而分层次、分阶段地进行规范，最后吸取精华，剔除糟粕。

（七）简洁性原则

对外汉语词汇规范的简洁性原则，就是在进行现代汉语词汇规范时，要确保规范后的词汇简洁、明了。只有这样，规范后的现代汉语词汇才能帮助人们有效提高交际的效率。

（八）道德性原则

在现代汉语中，很多词汇的不规范现象是由于交际内容和交际方式在道德上不规范而引发的。比如，自改革开放以来，我国开始对西方先进文化进行大力引进。而在这一过程中，一些不良的东西也随之入侵，并对我国的民族语言造成了一定程度的腐蚀。因此，在进行词汇规范时必须要遵循道德性原则，以确保规范后的词汇是文明的，对词汇的运用也是文明的。

（九）明确性原则

现代汉语词汇规范的明确性原则，就是在进行现代汉语词汇规范时，要注意词汇的意义必须是明确的，能够被人准确地理解，且不会造成模糊、歧义或偏向。

对于现代汉语词汇来说，其最本质的要求便是明确性。而且，明确性是词汇系统内部的要求，词汇理想的指称关系是一一对应，而这一理想状态的前提是词汇能够明确地表意，避免重复、混淆或交叉，因而词汇系统会自动选择纳入意义较明确的词汇；明确性也是社会交际明确有效的要求，交际成功是要用最经济的方法达到交际目标，明确的词汇意义可以避免走弯路，提高交际的效率。

通过上面的论述可以知道，在进行现代汉语词汇规范时，必须要遵循明确性原则。

(十)发展性原则

现代汉语词汇规范的发展性原则,就是在进行现代汉语词汇规范时,要充分认识到词汇自身的发展规律。

词汇是语言中最活跃的因素,并常常处在变动之中。如果将规范的形式或用法框死并凝固化,是不利于词汇使用的。因此,进行词汇规范必须要遵循发展性原则。

此外,在词汇产生或定型过程中,人们的认识也常常是发展的。比如,人们以前只说“为顾客服务”“为人民服务”,现在又多说成“服务顾客”“服务人民”“服务社区”等,这种变化是人们在词语实践中的发展性选择的结果。从这一角度来说,在进行现代汉语词汇规范时也必须遵循发展性原则。

(十一)必要性原则

现代汉语词汇规范的必要性原则,就是在进行现代汉语词汇规范时,必须要明确某一词汇是否有存在的必要,它在词汇系统中是否能体现出独一无二的价值。

词汇可以指称存在和意识两方面的东西,不论它的所指是什么,都必须是社会或心理的事物、现象或活动,没有客观基础的词汇是没有存在价值的,因为它不承担交际的任务,必然会被社会所淘汰。因此,现代汉语词汇的规范必须要遵循必要性原则。

第二节 现代汉语词汇规范化的内容与注意事项

现代汉语词汇规范有着自身独特的内容,同时要保证现代汉语词汇规范工作的顺利进行,有两个问题需要特别予以关注。在本节内容中,将对这两方面进行详细论述。

一、现代汉语词汇规范的内容

现代汉语词汇规范涉及的内容是十分广泛的，其中较为主要的有以下几个。

（一）古语词的规范

1. 古语词规范的必要性

对古语词进行吸收，是丰富现代汉语词汇的一个重要途径。但是，有部分人乱用古语词以显示自己的与众不同，在行文或说话的时候用些很生僻的古语词。这类古语词一般人听不懂看不懂，于是导致了交际障碍。要改变这一状况，最为关键的是对古语词进行规范。

2. 古语词规范的原则

在对古语词进行规范时，应切实遵循以下几方面的原则。

（1）不可替代性原则

对于有较强表现力或适应特殊场合的古语词，如"逝世""哀悼""须眉""瞻仰""不亦乐乎"等，通常在现代汉语中无法找到与之完全对应的词，因而应将其吸收到现代汉语词汇之中。

（2）时代性原则

对于与时代发展要求不符合的古语词，如"山戎""章台""劓""琮"等，必须要将其淘汰。

（3）情感性原则

在对古语词进行规范时，要确保规范后的古语词能够准确地表达人们的思想感情。例如：

> 几个月来……我除了深深祝愿死者安息之外，还另外有一些亡友的影子常常萦绕心际，其中之一是傅雷。（柯灵《忆傅雷》）

在这个例句中运用了古语词“萦绕”，而这个词的运用是为了表达怀念之情且加重了语言的分量，语气也显得特别肃穆，崇敬的心情表露得也较充分。

(4)简洁性原则

在对古语词进行规范时，要确保规范后的古语词能够简洁地表达所需表达的内容。例如：

唐朝人魏徵说过：“兼听则明，偏信则暗。”(毛泽东《矛盾论》)

在这个例句中运用了古语词“兼听则明，偏信则暗”，若是用现代汉语来表达这两个词的准确意思，则可能会费很多的笔墨。

(二)外来词的规范

1.外来词规范的必要性

在文化交流中，汉语从古到今都在不断地吸收借鉴外来语言中的有益成分，以丰富自己的词汇。尤其是改革开放以来，随着经济全球化迅速发展以及日益频繁的国际交流，对语言的发展产生了很大影响，其中一个重要的影响就是外来词的迅猛增长。外来词汇有可能是健康的词汇，也有可能是不健康的词汇，而不健康的外来词会对汉语言的发展造成不良影响，甚至会污染我们自己的语言。因此，对外来词进行规范是很有必要的。

2.外来词规范的原则

在对外来词进行规范时，以下两个原则是必须遵守的。

(1)需要性原则

外来词规范的需要性原则，指的是只有当外来词汇真正被汉语言所需要时，才能将其吸收到汉语言之中。

随着对外开放的不断深入以及全球化的迅速发展，汉民族接触到越来越多的外国新鲜事物、新鲜概念。对于这些外国新鲜事物、新鲜概念，汉民族需要合适的称谓对其进行表达，而汉语的固有词语又无合适的可用，一时也来不及或不宜创造新词，这时，就可以从外语中吸收有关的词语。

此外，外国的国名、地名、人名、山河、城镇等专有名称，也不适合用我们固有的词或自造词来对译。因此，这些专有名称也需要吸收到汉语词汇之中。

(2)民族性原则

在对外来词汇进行规范时，只有民族性原则，才能使其符合汉语词汇的民族特点和内部规律。

3.外来词规范的注意事项

在对外来词进行规范时，以下几个方面要特别予以注意。

(1)要明确现代汉语中是否有与外来词相对应的词汇

有一些外来词，汉语中本来就有与其相对应的词汇，且意思表达得更清楚、更准确。对于这一类外来词，就不需要引进、不能盲目使用，以免对汉语的纯洁造成损害。例如，俄语中的“布拉吉”与汉语“连衣裙”的意思是对应的，这时就不能用“布拉吉”来取代“连衣裙”。

(2)要对外来词的汉语书写形式进行统一

音译外来词根据发音来决定书写形式，缺乏意义的理据作为依托，所以常常会出现异体现象，即选用发音相似或相同的不同书写形式的汉字作为其构成成分，如“吉他——吉它”“冰激凌——冰淇淋”等。对于这一类外来词，在将其引进汉语中时，要注意对其汉语书写形式进行统一，以便于人们更好地进行交流。例如，“托拉斯”“尼龙”“雨果”“高尔基”等都是汉语书写形式统一后的外来词。

(3)要尽量使用意译方式对外来词进行吸收

在对外来词进行吸收时，除了人名、地名、国名以及不用音译就不能准确表达原义的外来概念，其他都要尽可能使用意译方式。这是因为，有一些汉语音译外来词另有一个完全符合汉语特点的意译词与之意义相同，这是不符合语言的经济性原则的。对此，必须要进行规范。通常的做法是保留符合汉语的结构特点和使用习惯的意译词，而且这样做可以保证借用来的外来词更容易地被人们接受。例如，使用“维生素”一词而不用“维他命”一词；使用“话筒”一词而不使用“麦克风”一词。

（三）方言词的规范

1. 方言词规范的必要性

现代汉民族的共同语是以北京语音为标准音，以北方话为基础方言，以典范的现代白话文著作为语法规范的普通话。因此，现代汉民族共同语的词汇是在北方方言的基础上发展起来的，包括汉民族共同使用的和逐渐发展为共同使用的词汇。

近百年来，普通话词汇发展得比较快，大量基础方言和非基础方言的词汇也逐渐涌入普通话之中。不可否认，这在一定程度上起到了丰富普通话词汇的作用。但是，这也给普通话词汇带来一些分歧和混乱。因此，很有必要对涌入普通话词汇中的方言词进行规范，以保证普通话词汇以及普通话的纯洁性。

2. 方言词规范的内容

在对方言词进行规范时，一般而言应包括以下几类方言词。

（1）有较强表现力的方言词

有些方言词有着很强的表现力，而普通话中虽然有与这类方言词意义对应或基本对应的词，但在表现力方面要稍弱一些，不如方言词生动、鲜明。对于这一类方言词，要尽可能将其吸收到普通话词汇之中，如“扯皮”“揩油儿”“把戏”“搭档”等。

（2）有独特表意的方言词

有独特表意的方言词，通常无法在普通话中找到适当的词与之对应。例如，方言词“过硬”含有“高明、扎实、经得住任何考验”的意思，在普通话中没有合适的词与其意义完全对应。又如，方言词“名堂”含有“花样、名目;道理、内容;成就、结果”等意思,在普通话中也没有合适的词与其意义完全对应。对于这一类方言词,要根据实际需要进行吸收。

(3)特有的方言词

一些特有的方言词,随着其称谓的事物进入人们的生活之中,也应该被吸收到普通话中,而不必对同一事物再造新词。例如,方言词“荔枝”“龙眼”就是随着其所指代的事物进入人们的生活而被吸收到普通话中的。

(4)使用范围比较小的方言词

一些使用范围比较小,且能够在现代汉语中找到与之相对应意义的词汇的方言词,应当舍弃。例如,方言词“铁驴”和“洋马”都是指自行车,但使用范围很小,因而应该舍弃。

(5)过于土俗的方言词

对于过于土俗的方言词,在对其进行规范时最恰当的做法是舍弃。例如,现代汉语中的“花生”一词,在一些方言里叫“果子”“落生”“长生果”等,而这些叫法是比较土俗的,所以应当舍弃。

3.方言词规范的注意事项

在进行方言词规范时,以下几个方面要特别予以注意。

第一,方言词的规范要具体问题具体分析,具有特殊表现力并且已经或将成为普通话中的有特殊作用的一员的方言词要尽可能进行保留,反之则要予以舍弃。

第二,在对方言词进行规范时,要切实遵循现代汉语词汇规范的基本原则。

第三,对方言词进行规范并不意味着绝对反对使用未被普通话吸收的方言词。在一些文学作品中,为了刻画人物、描写环境,适当地在人物对话中使用方言词是完全可以的。而且,方言词用得好,不仅能够收到特殊的效果,还能为普通话词语的丰富提供一定的素材。但是,方言词的运用不可毫无节制、没有依据。例如,小说《雪莲》里有这样一段:

“得好好向你这个草原姑娘学习哩!”我深情地望了她一眼说。“像草原姑娘吗?”她回过头来,眨了眨眼睛,用上海话说:“告诉侬,阿拉是上海人。”说罢又纵马奔走。

这部小说是用全民共同语写的,但在这一段的人物对话中用了两个上海方言词,即“侬”(你)和“阿拉”(我)。这一方面是为了说明这姑娘是来自上海的知识青年,表现了她开朗的性格;另一方面是为了增强作品的生动性,使作品的语言更加新鲜、活泼。

(四)新词的规范

1.新词规范的必要性

现代汉语词语的丰富与壮大,主要有两个途径:一个是吸收;另一个是创新。所谓创新,就是创造新词语。为适应社会发展交际生活的需要,必须不断地创造新词。而且,随着社会的不断发展,新词的产生越来越普遍。新词应适应交际需要,表义明确,其构造符合现代汉语构造规律,是现代汉语词汇中的重要成员。若是任意拼凑或随意颠倒语素而形成的词,并不能称为“新词”,只能说是“生造词”。这些生造词的表义不明确,不符合词汇内部结构规律,是语言的污染。因此,对新词进行规范也是很有必要的。

2.新词规范的原则

在对新词进行规范时,必须要以开放包容为基础,以意义明确、广泛使用为标准,以符合交际需要为目的。此外,还需要遵循以下几个原则。

(1)约定俗成原则

在对新词进行规范时,要尽可能吸收为绝大多数人所接受的新词,至于少数人所使用的“新词”则要尽量舍弃。

(2)明确性原则

新词往往是承载着一定信息的,因而要有明确的表义。凡是意义不明确的新词，都要尽可能避免。因此，在对新词进行规范时，要首先确定其是否具有明确性。例如，“惨慄”“浓剧”“巍姿”等说法，不仅因为词汇里早已有和它们意义相当的“凄惨”“慄然”“浓厚”“巍峨”“雄姿”等固有词的存在，使这些说法显得多余，而且其本身意思晦涩费解，因而必须要舍弃。

(3)必要性原则

必要性原则指的是当社会生活中产生了新事物或者新思想，而原有的语言中没有相应的词汇来表达这样的新事物或新思想，就很有必要新造一个词。

(4)规律性原则

在创造新词时，要尽可能使用现存的构词材料，并以现行的构词规律为依据进行创造。只有这样，才能确保创造出的新词与汉语词汇的基本规律相符合，继而具有较强的生命力。

尽管有些符合现代汉语构词规律，却并不能都被社会接受成为新词(生造词一般也会合乎构词法)的现象，但作为现代汉语中的新词，却必须符合现代汉语的构词规律。例如，普通话是用前加修饰成分来构成偏正式复合词，而东南各方言却往往用后加修饰成分的方法来构造偏正式复合词。普通话的“客人”，上海话说“人客”，普通话的“拖鞋”，潮州话说“鞋拖”。普通话里“们”是用作人称代词和人物名词复数的标志，而河北藁城方言里，“们”还可以用于其他一切名词之后表示复数，像“树们”“肉们”“衣服们”“青草们”等。假若按照“人客”“鞋拖”的结构形式，构成“宾外”(外宾)、“轮拖”(拖轮)，把后缀“们”与“书”“笔”等结合，构成“书们”“笔们”。这样的创新，就不能为普通话词汇所接受，因为它们不符合普通话构词的规范准则。

(五)缩略语的规范

1. 缩略语规范的必要性

在现代汉语的词语中，缩略语是十分特殊的一类，而且在当前缩略语的运用越来越多。缩略语有利也有弊，缩略得当可以收到省时省力的目的，缩略不当则会导致意思模糊，人们无法理解。为追求清晰、和谐的语言，必须对缩略语的使用进行必要的规范。

2. 缩略语规范的注意事项

在对缩略语进行规范时，应特别注意以下几个方面。

第一，缩略语要能够概括要点、具有明确的表意，还要尽可能与其他名称不同。例如，“老政府”“西医”（西南医学院）就是不好的简称。这是因为“老政府”给人的印象很模糊，乍看会认为“不是新成立的政府”，是“老的政府”，不会理解是“老挝政府”的简称。“西医”的表意不明确，很容易把它误认为是“西医”“中医”的“西医”。这些不规范的简称都会引起交际上的误会。

第二，针对某一全称的缩略语只能有一个，不可有多个。例如，“中国语言文学系”有“中文系”“语文系”“中语系”三个简称，这是不规范的。应该选取表意明确、通用面广、使用频率大的简称，抛弃其余的。上例应取“中文系”而舍“语文系”“中语系”。

第三，缩略语必须是为了用语经济而被创造出来的。有的名称（或固定的词组）音节不多，有的也不是联语，简缩后的意义又不明确，就不必简缩。例如，把“社会科学”简缩成“社科”，把“文学概论”简缩成“文概”等，都是不妥当的。

（六）异形词的规范

1. 异形词规范的必要性

所谓异形词，就是音同、义同而书写形式不同的词语。例如：

担心—耽心　笔画—笔划　成分—成份
耿直—梗直　订单—定单　保姆—保母
关联—关连　装潢—装璜　驾驭—驾御

在现代汉语中，异形词无任何积极意义，还会给人们运用书写语造成很多不必要的负担。也就是说，异形词是现代汉语词汇系统中的一种冗余成分，因而对其进行规范是十分必要的。

2. 异形词规范的原则

在对异形词进行规范时，需要遵循一定的原则，具体如下。

(1)通用性原则

一般而言，异形词在使用频率和出现范围上有一定的差异。因此，在进行异形词规范时，要尽可能保留使用频率较高、出现范围较广的词语，而淘汰使用频率不高且出现范围狭窄的词语。这便是异形词规范的通用性原则。

例如，在“交代—交待”这一组异形词，“交代”的使用频率要高于“交待”、使用范围也大于“交待”，因而应保留“交代”而淘汰“交待”。又如，在“思维—思惟”这一组异形词，“思维”的使用频率要高于“思惟”、使用范围也大于“思惟”，因而应保留“思维”而淘汰“思惟”。

(2)表义明确原则

有一些异形词是由于同义字的相互代替而产生的。在代替之初，就往往出于表意上以浅近代艰深、以显豁代晦涩的考虑，规范取舍自应考虑表意明确的原则。

例如，在“丰姿—风姿”这一组异形词中，“丰姿”的“丰”在这里是“美好的容貌或姿态”的意思，但人们只熟悉“丰”的“丰富”“丰大”的意义，而不熟悉“美好的容貌或姿态”这个意思，但对“风”这个同音字的“风度，态度”的意思却比较熟悉，于是就用同音而又同义的“风”来代替“丰”字。类似的异形词还有：

轰动—哄动　风瘫—疯瘫　订购—定购
订婚—定婚　订阅—定阅　留连—流连

在上面所列举的这些异形词中，出于表义明确原则，全都是保留前者而淘汰后者。

(3)表音单一原则

在一组异形词中,有的可能存在异读字,有的则不存在。在对这样的异形词进行规范时,应遵循表音单一原则,即从避免误读、准确表音的角度出发,保留没有异读字的词汇书写形式,淘汰有异读字的词汇书写形式。

例如,在对"仓促—仓卒"这一异形词进行规范时,由于"仓卒"的"卒"既可以读"zú"也可以读"cù",因而应淘汰;在对"寒战—寒颤"这一异形词进行规范时,由于"寒颤"的"颤"既可以读"chàn"也可以读"zhàn",因而应淘汰。

(4)简易性原则

异形词在写法上往往有简、繁之分,而根据当前汉字简化的精神,在进行异形词规范时尽可能保留简单的书写形式而淘汰烦琐的书写形式。这就是异形词规范的简易性原则。

例如,在对"凋零—雕零"这一组异形词进行规范时,应本着简易性原则,保留"凋零",淘汰"雕零";在对"宏图—鸿图"这一组异形词进行规范时,应本着简易性原则,保留"宏图",淘汰"鸿图";在对"抹杀—抹煞"这一组异形词进行规范时,应本着简易性原则,保留"抹杀",淘汰"抹煞"。

(七)异读词的规范

1.异读词规范的必要性

异读词,既可能是功能性变读,如"澄清"读"chéng qīng"是"弄清、肃清"之意,读"dèng qīng"则是"使杂质沉淀,液体变清"之意;也有可能是非功能性变读,如"剥削"读"bō xuē"和读"bāo xiāo",语义、色彩、用法都没有变化,只是语音形式上的分歧。对于第二种现象来说,不仅不能给语言增加积极因素,还会给人们掌握词汇造成不必要的负担。因此,对异读词进行规范也是十分必要的。

2.异读词规范的注意事项

在对异读词进行规范时,以下两个方面要特别予以注意。

第一,异读词规范后的读音应有较为广泛的适用性,即既能在北京话里非常通行,也能在北方方言里大致通行。

第二,异读词规范后的读音应符合语音发展的规律。

二、现代汉语词汇规范的注意事项

现代汉语词汇规范是一件非常细致和繁杂的工作,而要做好这一项工作,以下几个事项要特别予以注意。

(一)要保证词汇规范工作的科学性

在进行词汇规范时,一个核心的问题是确定规范的模式和标准,并在此基础上把规范词形式准确地确定下来。要做到这一点,除了要借助于计算机的应用,进行广泛的语料统计,以词频统计为基础,制定出更为科学的规范标准外,还要做大量的人为的工作,即正确地选择语料;多层次、多角度、多范围地进行统计等。只有这样,才能保证产生出正确的统计结果。

(二)要把握好词汇的运用范围

运用词汇进行交际的人们,不仅在年龄、文化水平、生活环境等方面会存在一定的差异,而且在交际的场合、交际目的等方面有较大的区别。这导致人们在交际中用词的方式和习惯都是不一样的。针对这一情况,必须要把握好词汇的运用范围,即明确哪些词汇是全民都要使用的,哪些词汇只是一部分人使用的。

只有真正把握住了词汇的运用范围,才能对它的使用状况,特别是它的使用率大小有准确的把握,继而更有针对性地进行词汇规范。

(三)要记录好词汇规范的成果

现代汉语词汇的规范工作在取得了一定的成果后,要及时对成果予以记录。通常而言,要对词汇规范的成果进行记录,最为合适的方式就是将其体现到词典之中。也就是说,一本好的词典就是词汇规范标准的典范。词典都是共时阶段的产物,任何一部词典,不论它的内容是历代性的还是断代性的,它都是产生在某个时代之中的。一本好的词典不仅能反映词汇发展的面貌,而且也应该具备鲜明的规范性和时代特点。同时,被规范了的成分进入词典是一件非常严肃的事情,被词典收录的词,不仅说明了这个成分已经是规范的成分,而且说明了这个成分的性质已经发生了从言语成分到语言成分的转变,它已经成为词汇共时静态系统中的一个成员。

第三节　网络词汇的规范化

随着社会生活的急剧变化,网络在我国获得了迅速普及,网民人数也急剧增加。在其影响下,网络词汇也随之相应地发生了巨大的变化。但是,网络词汇在发展变化的过程中,也不可避免地出现了一些不规范的地方,因而对网络词汇进行规范也是十分必要的。

一、网络词汇规范的原则

在对网络词汇进行规范时,必须要遵循一定的原则,其中较为重要的有以下几个。

(一)自觉性原则

民族语言体系只有在大家的自觉维护下,才能不断得到丰富和发展。而网络语言作为民族语言体系的一个重要组成部分,要想得到健康发展,也需要大家的自觉维护。因此,在对网络词汇进行规范时,必须遵循自觉性原则,不盲目使用一些不规范的网络词汇。

(二)约定俗成原则

网络词汇规范的约定俗成原则,就是在进行网络词汇规范时,要尽可能保留那些充满活力、经得起时间考验且在约定俗成后被人们所接受的网络词汇,如“伊妹儿”“牛市”等。

(三)高雅性原则

网络词汇规范的高雅性原则,就是在进行网络词汇规范时,要尽可能保留、推广高雅、文明的网络词汇。

语言文明既是人类文明的一部分,也是社会进步的标志。随着社会的发展,语言应向文明高雅的方向发展。在这一语言发展形势之下,网络词汇的规范必须要遵循高雅性原则。

(四)选择性原则

在当前,网络词汇如雨后春笋般出现。在对这些网络词汇进行规范时,必须学会选择、学会扬弃,即对那些符合“高雅”“约定俗成”标准的,充满生命力的网络词汇就要发扬,这对社会只有好处,没有弊端。相反,对那些不健康的、类似于江湖黑话性质的、只是迎合少数人的低级趣味与情调的网络词汇,则必须坚决丢弃。也就是说,网络词汇规范必须遵守选择性原则。

二、网络词汇规范的策略

网络词汇是一种重要的词汇类型,也是一种重要的社会现象和文化现象,还是一定社会条件下、一定历史时期的产物。在面对网络词汇时,不应该简单地加以肯定或否定,而应客观审视、具体分析，对其进行及时引导和规范。具体来说，在对网络词汇进行规范时，可具体采取以下几个策略。

(一)要对网络词汇的利弊进行全面分析

网络独特的环境与契机造就了网络词汇极其丰富的表达特征，这也使得网络词汇既有优点也有弊端。

网络词汇的优点：一是具有强烈的创新性，是网民们最大限度地发挥自己的想象力和创造性的结果，如"菜鸟""黑客""美眉"等；二是具有突出的简捷性、便利性和高效性，能够有效节省网民的时间，如 886(拜拜了)、JJ(姐姐)等在输入时变得十分快捷；三是具有很强的活力和诙谐性，如"大虾"是指网络高手，与"大侠"谐音。

网络词汇的弊端：一是网络词汇是网民为了满足自我的交流要求而临时创造出来的一种语言，因而具有很大的不确定性和狭隘性，不能满足所有语言使用者的需求；二是网络词汇中夹杂着很多不良信息，充斥着粗俗、轻佻的语言，如 TMD(他妈的)、WBD(王八蛋)等，这对人们尤其是青少年的身心健康是十分不利的；三是网络词汇在传递信息的过程中很容易失去传递信息的文化准确性导致很多网络词汇处于"可意会而不可言传"的状态，如"老鸟"这个词最初是指熟识网络的人，后来泛指在任何领域活动游刃有余的人，不经常上网的人很难准确地理解这个词，甚至会对这个词产生误解；四是一些网络词汇的创造是十分随便的，如随意创造音译词、随意使用英语词组的首字母缩写等，这不仅违反了汉语新词新语的生成规律，造成了汉语语言系统的混乱，而且因意义含糊、指称不明而给人们的交流造成了很大阻碍。

由于网络词汇有利有弊，因而在对其进行规范时就不能采取全面否定的态度，而应该理性地对待网络词汇，并积极将有利的网络词汇吸收到现代汉语词汇体系之中。

(二)要不断加强针对网民的网络道德教育

语言使用是一种个人行为，也是一种社会行为，体现着个人道德自律意识，也体现着整个社会的道德标准。因此，有必要针对网民开展网络道德教育，约束广大网民的语言行为，引导其自觉地使用文明的网络词汇。也就是说，不断加强针对网民的网络道德教育，也是对网络词汇进行规范的一个重要策略。

由于在网民中，绝大多数是青少年。因此，加强针对网民的网络道德教育，最为关键的是加强青少年的网络道德教育，在青少年中普及网络法律知识和有关规定，规范青少年的上网行为，使他们养成道德自律的良好习惯，不随随便便运用不健康、低俗的网络词汇。

这里需要特别指出的一点是，由于青少年的年龄特点，在对其加强网络道德教育时要以引导为主，而不能采取强制措施。

（三）要不断加强网络词汇的管理工作

对网络词汇进行有效管理，也是规范网络词汇的一个重要策略。而在开展网络词汇管理工作时，可具体从以下几个方面着手。

第一，要不断加强语言文字的立法，健全网络语言和网络词汇规范方面的相关法律和政策，继而有效促进网络词汇的规范化。

第二，要借助于法律、法规、监督、检查、文化、伦理、技术等多种手段对网络词汇进行全面的规范与管理。

第三，国家语言文字工作部门应根据信息时代网络流行语言的发展变化特点，及时更新规范和标准，并对于新出现的网络词汇中的不规范现象加以正确地引导和规范，同时还要经常性地开展规范语言的宣传工作。

第四，要积极为网络词汇的健康发展营造良好的社会大环境。具体来说，可采取榜样和审查两种方式：可鼓励一些强势网站像网易、新浪、搜狐等首先使用规范化的网络词汇，为其他网站做出榜样；对网络新闻、数字化出版物及网络读物、时尚杂志的管理，除召开规范用语会议预防外，还应对已经出版的出版物实施审查制度，以及时掌握网络语言的发展动态，并通过多种渠道对网络语言运用进行评析和引导。

（四）要不断加强汉语的规范化教育

只有不断加强汉语的规范化教育，才能使人们逐渐建立起较高的汉语规范意识，并使人们的汉语规范化程度不断得到提高，继而更有效地规范网络词汇。而在加强汉语的规范化教育时，应特别注意以下几个方面。

第一，要将汉语的规范化教育贯彻到从小学到大学的整个教育过程之中，引导学生切实树立起规范运用网络词汇的意识。

第二，要注重在现代汉语词汇教学中培养学生对网络词汇的正误进行分析与鉴别的能力，并及时对学生在学习和考试中出现的不规范网络词汇进行纠正。

第三，要经常组织汉语规范方面的专家，对学生在日常生活特别是网络生活中遇到的不规范的语言和词汇现象进行有效解答。

第四，要与国家在汉语规范化方面的法治措施相结合，以有效落实各项汉语规范化教育。

第五，要积极在各项教育活动中推广普通话，切实运用普通话开展各项教学活动。

第六，要切实禁止学生在学校中使用不规范的网络词汇，并引导学生有效接受、多多运用有思想、有创意的健康网络词汇。

（五）要做好网络词汇规范辞书的编撰工作

利用规范的网络词汇辞书，为网民提供网络词汇运用指南，也是规范网络词汇的一个重要举措。因此，做好网络词汇规范辞书的编撰工作是十分重要的。

在对网络词汇规范辞书进行编撰时，要特别注意选入规范中的网络词汇必须与社会发展规律相符合、是积极健康的、能被大多数人所接受的。

从某种程度上来说，网络词汇规范辞书就是网络词汇的语料词库，对于促进网络词汇的良性循环具有重要的作用。

（六）要积极引导全社会人民都参与到词汇规范工作之中

只有积极引导全社会人民都参与到词汇规范工作之中，才能确保网络词汇规范工作能够切实得到有效开展。具体而言，可从以下几个方面着手。

第一，要引导行政机关及企事业单位注意语言规范，并切实成为网络词汇规范工作的实践者，各种材料公文在使用字母词、外语词、异体字、繁体字等网络词汇时，必须要按照《中华人民共和国国家通用语言文字法》加以规范。

第二，要引导报刊、广播、电视及各类网站等媒体做网络词汇规范的表率，负责传播网络词汇规范的工作，应对全社会使用规范的网络词汇起到积极引导和示范作用。

第三，要强化媒体的管理，提倡使用规范的网络词汇。对于媒体的网络词汇规范应该进行严格监管，加强对网络新闻、网络读物及电子出版物的管理，开展对网络词汇的实时跟踪监测、收集整理数据、调查分析研究工作，循序渐进、摸清规律、及时引导、逐步规范，杜绝不规范网络词汇的使用和传播，提高人们的网络语言以及网络词汇规范意识。

第四，要积极引导学校成为网络词汇规范的主要阵地，积极推广普通话，使用规范字，注重培养学生的语言听说、书写能力，对于出现在课堂上、作业中的网络词汇“不规范现象”要切实进行有效引导，加以规范。

第七章 基于功能视角的现代汉语词汇教学研究

伴随着我国在国际上的地位不断提升，汉语学习受到了越来越多的欢迎。在此背景下，现代汉语词汇教学显得尤为重要。现代汉语词汇教学主要是为了让学生掌握一定量的汉语词汇，并能够对其进行准确运用，实现词汇的语用功能。本章内容就重点对基于功能视角的现代汉语词汇教学进行具体研究。

第一节 现代汉语词汇教学的任务与原则

一、现代汉语词汇教学的任务

词汇量的多少以及词汇的掌握程度在很大程度上决定了学习者水平的高低。现代汉语词汇教学的最终目的就是使学生掌握大量的词汇，能准确地理解词义，并做到正确使用。具体而言，现代汉语词汇教学的任务主要包括以下两点。

（一）使学生掌握一定量的词汇

现代汉语词汇教学的首要任务就是要教会学生“识词”并“用词”。

“识词”，就是要认识词。认识一个词，首先，在听到或看到这个词时能将其准确识别出来，知道该词的音、义、形；其次，能将这个词语与其他形式相似的词语区别开来，如“治病—致病、邮票—油票、找—我”等，能判断听到的这个词的发音是否正确，看到的这个词的书写形式是否正确；还能由这个词语联想到跟其意义相近、相关或相反的词语，如由“美丽”联想到“漂亮”，由“丈夫”联想到“妻子”，由“躺”联想到“站、坐”，学会在词汇系统中认识该词。

“用词”，就是学会使用词语，即“要求学生能够根据具体的交际环境，从语义表现、句法要求、语用得体等各个方面，综合权衡已经掌握的词语并最终加以选用，组词造句”①。可以说，学生用词能力的高低是汉语词汇教学效率高下的最直接最生动的体现，这也是我们词汇学习的最终目标。

相关研究表明，学习者对一个词的学习并不是要么全知道，要么一点儿也不知道，而是有不同层次的，从完全缺乏该词的知识到掌握该词的详细知识、来源以及使用它的语境，这是逐渐过渡的。也就是说词汇知识不是一个“或有或无”的两极现象，而是一个包括不同发展水平的连续体。从“识词”到“用词”就是一个词汇知识不断发展的连续过程，在这个过程中，学习者对词汇的掌握由理解性词汇知识逐渐过渡到生成性词汇知识。在大多数情况下，理解性词汇知识必须在生成性知识之前获得，学习者不可能在完全理解词义之前自由运用目标词。所以，一个人所掌握的生成性词汇只是所学词汇中很少的一部分。在词汇教学中，不可能让学生能自由运用所学的所有词汇，应该对不同的词汇和不同的学生提出不同的学习要求。词汇教学的最终目标，就是促使学生从理解、接受词汇开始逐渐发展到能够灵活准确地运用词汇，努力缩小学习者生成性词汇量和理解性词汇量之间的差距，使学习者尽可能多地掌握生成性词汇。

（二）使学生掌握多种词汇学习策略

现代汉语的词汇量巨大，教师在教学过程中所教的词语数量

---

① 李英.现代汉语词汇答问[M].北京：北京大学出版社，2014：111.

十分有限，学生仅仅依靠教师在课堂上的讲解来学习词汇是不可能掌握大量词汇的，因此，必须引导学生积极主动掌握一定的汉语词汇学习的方法，培养其自主学习和积累词汇的策略，不断提高自学的能力，并且能主动解决在词语学习方面遇到的问题。具体的词汇学习策略主要有以下几点。

第一，语境策略。词的学习离不开语境，在熟记单个词形、音、义的基础上，要把单个的词融入句子中来学习。

第二，猜测策略。对于不认识的词可通过各种方法来猜测词义，例如通过上下文猜测词义、通过构词语素猜测词义等。

第三，归类策略。运用归类的方法对已学词汇进行复习整理。利用汉语词汇的系统性，从不同角度对所学词进行归类，如对具有相同语素的词进行归类、对同一义类的词进行归类、对词义相反或相对的词进行归类等。

第四，练习策略。通过各种形式的练习来强化记忆。

第五，社交策略。通过与他人合作来学习、记忆以及运用新词。

此外，还要引导学生正确和充分利用词典。教师在词汇教学中要向学生推荐几部规范的现代汉语词典、汉语学习词典，向学生讲解词典的正确使用方法。

二、现代汉语词汇教学的原则

现代汉语词汇教学在开展过程中应遵循以下几个原则。

（一）对教学词汇进行选择和控制

教学词汇的选择和控制是通过教材来实现的。教材是教师组织教学、学生进行学习的基础和依据，词汇教学也要依据教材来进行。在编写教材时，编者应根据不同的教学阶段、教学对象以及不同的课程确定目标词汇和词汇量。

（二）结合汉字特点

目前，现代汉语词汇教学与汉字教学往往是脱节的。现代汉语词汇教学如果忽略汉字的特点，容易导致学生在学习词汇时对词的音形义进行死记硬背，这种状况不利于学生词汇学习能力的提高，也会对汉语词汇教学质量产生不良影响。

词是语言中最小的、能独立运用的表意单位。词的内容是词义，外部形式是词形，书面形式是字形。口语中的词是音义的结合体，书面语中的词是音与义结合后再用字形来记录，概括而言，就是音形义的结合体。字是文字的每个个体，它以自己的形体承受词中已经结合的音和义，字是词的书面载体。

现代汉字基本是语素文字，一个字往往就是一个语素，汉字的音和义对应语素的音和义，而语素是词的构造单位，有的语素可以直接成词，如“人”“高”“跳”等单音节词都由一个语素构成，有的语素与其他语素结合构成复合词，如“人”与其他语素结合可构成“人口”“人民”“爱人”“客人”等。在现代汉语词汇教学过程中，可以利用汉字的形义关系和形音关系来获得语素的义和音，从而达到学习词的音和义的目的。

（三）结合具体语境

在现代汉语词汇教学中，要避免孤立地讲解词义和用法，应在具体语境中进行词汇教学。

关于语言能力与词汇量的关系往往有这样一种误解，即语言能力不强主要是词汇量不够大，而增加词汇量的方式主要是孤立地背记词汇。需要强调的是，词汇的意义是在和其他意义的词汇的组合中存在的。词汇的意义只有通过语境才能准确理解。要想记住意义就必须在各种使用场合去接触它。例如，“打”这个词，在“打电话、打毛衣、打水、打球、打招呼、打工”等词语中的含义都不相同，只有在每一个不同的组合中学习其具体的意思。

语境就是语言单位出现时的环境。一般分为上下文语境和情景语境(又叫社会现实语境)。词、短语、句子等在语流中出现时,它前面或后面出现的其他语言单位都是该单位的上下文语境。“上下文”是一个宽泛的概念,在一段话或一篇文章中凡出现在某语言单位之前的词、语、句都是该语言单位的上文,出现在后的都是下文。但是最切近最重要的上下文却是跟该词处于同一个句子的其他的词或短语。

情景语境则指说话时的人物、背景、牵涉到的人或物,时间处所、社会环境以及说听双方的辅助性交际手段(包括表情、姿态、手势等非语言因素)。在日常对话中,人们总是结合着情景语境选择词语、理解词语的。例如,“这姑娘不错”这句话,如果说这话的人年龄不大,便不会用“这姑娘”这样的词语称呼年轻人,选用这样的词语还带有喜爱的色彩。而且,也只有依靠当时的情景语境才能明确所指的是哪个姑娘。

解释词义要根据该词所出现的具体语境。任何词都要在语境中出现,有些词甚至可以直接在情景语境中得到解释。例如,对“苹果”进行解释,可以拿一个苹果来说:“这就是苹果。”听者也可以明白。这就是释义中的“指示法”,是在日常生活中大量运用的。但是,许多词语所表示的内容无法指示,需要依靠上下文语境来解释。在具体语境中进行词语教学,这里的语境可以是上下文的语境,也可以是老师设置的课堂情景。

(四)注重常用词

现代汉语词汇教学中应该注重常用词(出现频率高、使用范围广、构词能力强的词)教学。根据某些词典所收的条目来看,现代汉语词汇至少有四五十万。这样大的词汇量,在学习中是不可能而且不需要全部掌握的。

汉语的词汇量虽然庞大,但构成词汇的常用汉字的数量却高度集中,词的使用频率也大不相同。按使用频率,可分出积极词汇和消极词汇。积极词汇是人们在交际中经常使用的;消极词汇则是在交际中很少使用的。积极词汇所表示的都是与人们日常生活关系非常密切的事物，不论男女老少，在交际中都离不开这些词，如表示自然现象的“天”“地”“太阳”“月亮”等，表示家畜和家禽名称的“马”“牛”“羊”“猪”“狗”“鸡”等，表示亲属关系的“父亲”“母亲”“哥哥”“弟弟”“妻子”等。

另外，汉字的构词能力非常强。据统计，现代汉语 3 500 个常用字能组成现代汉语所使用的 7 万个词，平均每个汉字能构成合成词 20 个。有的字词构词能力很强，比如“电”，可以构成“电话、电灯、电脑、电视、电影、电子、电车、电梯”等许多跟我们日常生活紧密相关的词语，这样的字词我们也应该首先教给学生。

如果在现代汉语词汇教学中能够重视常用字、常用词的教学，重点教学那些出现频率高、使用范围广、构词能力强的词，就能够有效保障学生进行正常的交流。

（五）注重科学重现

语言学习不可能一蹴而就，必须经过多次重现和复习才有可能掌握。现代汉语语音和语法的学习需要不断重复才能巩固，汉语词汇数量庞大，更需要加强词汇的科学重现。

人类的记忆，根据保留时间的不同，有短时记忆和长时记忆两种。输入的信息在经过人的注意过程的学习后，便成为人的短时的记忆，但是如果不经过及时的复习，这些记住的东西就会遗忘，而经过及时的复习，这些短时的记忆就会成为人的一种长时的记忆，从而在大脑中保持很长的时间。根据艾宾浩斯遗忘曲线的启示，为了避免遗忘，必须在初次学习之后不断重现复习，确保新学的知识可以在短时间有较高的重现率，这样才可以显著提高学习效率和记忆效果。

第二节　现代汉语词汇课堂教学的常用方法

现代汉语词汇课堂教学主要包括词汇展示、生词讲解、词汇巩固三个环节，每个环节的教学都应采取科学的方式方法，只有这样才能保证现代汉语词汇教学的有效开展。下面对其进行具体阐述。

一、词汇展示

词汇展示就是把要教的词汇通过板书、领读等方法介绍给学生，并让学生认读，从而使学生对所要学的词语的形、音、义有所了解和认识。通常先将课文生词按一定顺序排列，以学生听写或教师自己板书的方式将生词写在黑板上；然后按排列好的顺序逐词或分组展示具体词语。

（一）词汇展示的顺序

一般来说，生词表中的生词都是按照它在课文中出现的先后顺序排列的。为了课堂教学的各个环节紧凑、有序地衔接，教师可以根据教学的需要，对生词表中生词的顺序进行调整或重新排列，然后再按重新排列的顺序进行听写、认读、讲解等教学活动。常见的生词排列顺序主要有以下几种。

1.按词群排列

词群是指意义上具有共同特点、相互联系的一群词。例如，“吃、喝、吞、饮、吸、舔、吹”等是一组表示口部动作的词群，“爸爸、妈妈、哥哥、姐姐、爷爷、奶奶、姥姥、姥爷”是一组表示亲属关系的词群。

2.按生词在课文中出现的顺序排列

通常而言，生词表中的生词都是按照其在课文中出现的先后顺序排列的。如果按照这种顺序排列生词，教师可以以排列好的生词为线索叙述或串讲课文，学生也可以以生词作为提示的线索，听教师串讲课文和复述课文。需要注意的是，为了使黑板上的词语与课文内容结合得更紧密，让学生复述起来更方便，更具有提示性，教师可以再增加一些与内容有密切关系的重点词，用括号括起来，与其他生词进行区别。

3. 按字的偏旁排列

如果某篇课文的生词中，出现较多同一偏旁的字，教师就可以把它们集中起来进行教学。这样有利于充分利用偏旁表义的功能，通过对比，加深学生对生词的印象。

4. 按词类排列

教师可以把课文中的生词按照名词、动词、形容词、介词、副词等不同词性进行归类排列，这种排列方法从词的语法功能出发，便于根据不同词性的特点进行词语搭配和运用练习。

（二）词汇展示的方式

教师在充分备课的基础上，排列好生词的顺序，接下来就可以开始在课堂上对具体的词汇进行展示和讲解了。当学习一个生词时，常用的展示方式主要有以下几种。

1. 听写

听写是常用的展示词汇的手段。将当天要学的生词，按照教师的排列顺序，通过课堂听写的方式展示出来。可以说，听写是学生随预习的生词进行回忆的过程，也是教师检查学生预习情况的重要手段。

根据不同的教学阶段，听写可以采用不同的方法。可以是教师念一个词，学生写一个词；也可以是教师说一个词的意义，让学生写出该词。例如，教师念“公用”，学生写“公用”；也可以是教师说“公共使用，共同使用”，让学生写“公用”这个词。

2. 领读

教师将当天要学的生词，通过学生听写或教师自己板书的方式列在黑板上，然后对每个生词做示范朗读，学生跟着教师念。领读可以帮助学生掌握词的正确读音。

3.认读

教师请学生对黑板上的生词进行认读，同时适当向学生说明词的形音义。一般做法是，请学生集体或轮流认读黑板上的生词，可按生词的先后顺序认读，也可以打乱顺序认读，以检查学生对词的读音的掌握程度。

在认读的时候，教师也可以采用分析汉字字形的方式帮助学生了解词的意义与书写形式之间的关系，对于合成词，可通过分析语素义和词义之间的关系，帮助学生掌握词义。

4.用实物或图片、图画展示词语

形象性比较强的生词，我们可以用实物、图片、图画等方式来展示。例如，学习“书、笔、铅笔、钢笔、报纸、桌子、椅子、帽子”等一些表示事物名称的词时，教师可以直接指示实物。需要注意的是，用画图的方式展示生词，画的应该是简图，避免让图画喧宾夺主。

二、生词讲解

生词的讲解包括对生词词义的讲解和对生词用法的讲解，常用的方法主要有以下几种。

（一）形象释义法

形象释义法是最容易让学生明白的方法，这种方法适用于那些具体可感的词语，如“牛、马、花、衣服、开门”等词语，就可以使用实物、图片或图画，用身体动作或表演等方法，而不需要通过言语来解释。但形象释义法所能解释的词语很有限，许多词语表示的意义比较抽象，无法或者很难用图画、动作和实物来展示词义，需要教师通过言语来解释。

(二)以旧释新法

以旧释新法就是用学生已经学过的词语来对生词的意义进行解释。例如:

习俗:风俗和习惯。

聚精会神:注意力非常集中。

还可以借助学生已经学过的、与新词意义相近或相反的词语,帮助学生理解新词的意义。例如,用“但是”解释“却”,“间接”就是“不直接”,“迷信”的反义词是“科学”,“冷清”的反义词是“热闹”等。在具体操作时,教师可以先展示生词,接着引出该生词的反义词或近义词,通过对比分析指出生词与其反义词或近义词相同和不同的地方,再对生词的意义和用法进行总结。

以旧释新法适用于各种课型,它能够有效激活学生储存在记忆中的旧词语,达到温故知新的效果。

(三)利用语素释义

一些双音节复合词,其构成语素的意义能显示整体词义,教师可以根据需要逐一解释其中的语素或只解释其中的个别语素,帮助学生正确理解词义。例如:

用品——用(使用、用得上)+品(东西)——做事情时要使用的东西

教师通过对构成“用品”的语素意义的分解和组合,让学生理解“用品”的意思,然后再启发学生说出“食品、商品、产品”等同语素词,并对“用品”一词进行扩展,如“生活用品”“学习用品”“结婚用品”等。

有些语素常用,具有较强的构词能力,在讲授由这样的语素构成的生词时,可请学生一起回忆以前学过的同语素的合成词或

联想推测出其他同语素词。例如,学习"当代",可以回忆"现代、古代、近代"等词;学习"废品",可以列举"废物、废纸、废话、废气、废水"等。这样既可以加深学生对所学生词意义的理解,又可扩大词汇量。

教师还可以利用新词中已学过的语素帮助学生推测该词的意义。例如,学习"简化"一词时,学生在此之前已学过"绿化",教师可引导学生回顾"化"是学过的语素及其表示的意思。由此推断"简化"的意思。

(四)利用上下文释义

利用上下文释义,就是不直接提供词语的意义,而是引导学生根据上下文的语境来理解词义。运用这种方法时,通常要向学生提供一段话,这段话中含有要解释的生词,学生通过理解这段话来理解生词的意义。如在解释"预习"的时候,可以提供这么一段话:

> 今天我们开始学习第6课,第6课是新课,同学们昨天晚上自己学习这一课的生词了吗?也就是说,同学们预习第6课的生词了吗?

有时上下文是互为解释或补充说明的,所以根据上下文就能弄清生词的大致意思。如:

> 他对别人挺热情,但对我却很冷淡。

这个句子中的"冷淡"是学生之前没有学过的生词,可以根据句中表转折的连词"但"和副词"却",推测前后句子的意思是对立的,前句的"热情"和后句的"冷淡"意思应该是相反的,由此,可以得知"冷淡"就是"不热情"。这种方法有利于培养学生猜词的能力、跳跃障碍的能力,提高阅读速度和理解的能力,特别适合于阅读课和听力课的词汇教学。

此外,教师还可以在教学中通过例句和词语搭配关系来显示词义。这个方法适合于那些意义比较虚、不太好解释的词语，特别是虚词。例如，连词“从而”，在句中连接分句，表示结果或目的，意义较虚，不好解释，可以通过例句来帮助学生理解其意义和用法。例如：

老师改进了教学方法，从而提高了教学质量。（表示结果）

你应当合理安排时间，从而提高学习效率。（表示目的）

针对一些意义不太复杂的词语，教师还可以利用生词之间在语义的相关性，将属于同一主题的生词组织起来，形成一段话，引导学生在语段中理解生词的意义。例如，某篇课文有很多跟教育有关的生词，如“重点中学、功课、习题、分数、家教、家长”，教师可利用它们的关系组织学生进行表达：重点中学功课多，学生要做各种各样的习题，很辛苦。对学生来说，考试分数很重要，因此很多家长花钱请家教帮助孩子学习。

运用上下文释义不能使用学生没学过的词，更不要用生涩的术语，而且语句内容要尽量贴近学生的日常生活，以加深学生印象。

（五）利用情景释义

有的词语意义比较抽象，教师可以利用课堂情景或根据学生熟悉的、亲身经历的事情来设定具体的情景，让学生从词的实际应用中体会理解词义。例如，教“纪念品”，其中的“品”表示东西，学生已经学过。“纪念”的意思是“用事物或行动对人或事表示怀念”。如果照搬词典释义，学生很可能听不懂。教师可以先提问：

大家出去旅游，会不会买些具有当地特色的东西带回来？以后看到这些东西你就会想起旅游时的情况。

待学生回答后，教师接着说：

这些东西就是纪念品，因为它能让你想起你曾经去过的地方。

在此基础上，教师引导学生生成句子：

他去云南旅游，买了很多纪念品回来。

这种释义方法，既利用了情景，又给出了词的组合，避免了解释抽象义的麻烦和尴尬。需要注意的是，情景的设置不能占用太多的时间。

（六）举例法

举例法就是通过列举一些生词所表示的概念意义的特例，使学生通过具体的实例或现象感知抽象的词义。

有的实词如“国家、城市”很难用语言来解释，它们表示的语义范畴是上位概念，其下位概念比较容易理解，教师就可以提供或列举一些表示其下位概念的词来让学生明白。例如，“中国、韩国、日本和美国等 4 个国家”；“上海、北京、广州、东京和巴黎等 5 个城市”。

还有一些意义抽象的实词，教学时教师可通过列举这些词语的多种使用情况，帮助学生进一步领会词义。例如，针对“传统”一词，教师可以提供多个具体实例：“中国人结婚，新娘要穿红衣服。中秋节，中国人要吃月饼。这些都是中国的传统。”接着教师再问学生所了解的中国传统有哪些或者他们家乡有什么特别的传统，通过这样的问答，学生自然能更好地领会“传统”的意义。

需要强调的是，运用举例法来解释词义时，要注意所列举的例子最好都是学生了解和熟悉的，也应该尽可能多列举例子，这样才能帮助学生更好地理解词义。

三、词汇巩固

为了加强学生对词汇的理解和准确运用，现代汉语词汇教学还应注重词汇巩固，具体可以通过词汇练习和词汇归纳实现。

（一）词汇练习

词汇练习就是在学生初步掌握了词汇的形音义和用法的基础上，让学生反复操练、反复实践，达到熟练掌握、运用自如。练习是掌握和巩固词汇的重要手段，没有科学的练习，就不能达到熟练运用的目的。因此，词汇练习的设计非常重要。词汇练习大体可以分成三类，即识别词汇的练习、辨别词汇的练习和应用词汇的练习。

1. 识别词汇的练习

识别词汇的练习是帮助学生识别、记忆词汇的读音、意义和书写形式的练习，主要有以下几种方法。

（1）利用具体实物、图片或动作等让学生说出词语

利用课前准备好的图片、实物等，组织学生练习，以帮助学生记忆。例如，练习“狗、猫、牛、象、鸡、鸟”等词语，可以利用图片，指着图片上所画的动物，让学生反复练习说名称。再如，练习“桌子、椅子、黑板、笔、词典、门、窗户”等词语，可以利用教室中存在的实物组织练习。

（2）说出同义词

教师说出一个词，让学生迅速说出这个词的同义词。例如，要求学生说出下列词语的同义词：

妈妈——（母亲）
似乎——（好像）
美丽——（漂亮）

这种练习主要是为了让学生对汉语中成组的同义词进行联想，加深记忆，培养他们对汉语词汇的联想能力，扩大词汇量。

（3）说出反义词

教师说出一个词，让学生迅速说出这个词的反义词。例如，

要求学生说出下列词语的反义词：

男——（女）
开——（关）
高——（矮）
安全——（危险）
骄傲——（谦虚）
寒冷——（温暖）

说出反义词的练习可以和说出同义词的练习同时进行。教师可以将词语写在黑板上或卡片上，练习时，首先让学生说出黑板上或卡片上的词，然后让另一个学生说出同义词或反义词。

(4)听义说词

教师用汉语说出词语的意义，或者讲述一个情景，让学生说出表示该意义的词语。例如，练习“老大爷、司机、理发师”等词语，可以用以下方法：

教师：年纪大的老年人我们可以怎么称呼他？
学生：老大爷。（老先生、老爷爷、老师傅）
教师：理发店给你剪头发的人可以称呼他——
学生：理发师。

练习成语、惯用语、谚语等，可以设置一种情况，让学生应用恰当的熟语把教师所说的意思概括表达出来。例如：

教师：杭州是最美的地方。
学生：上有天堂，下有苏杭。
教师：比喻非常有把握。
学生：胸有成竹。

(5)听词说义

教师说出一个词语，让学生用汉语解释它的意思。一般来说，教师可以说出一个句子，然后让学生解释句中某个词语的意义。例如：

教师："他喝了一杯饮料。""饮料"是什么意思？

教师："他是打的过来的。""打的"的"打"是什么意思？

一些熟语也可以采用这种方式，教师说一个熟语，让学生用汉语解释熟语的意义。

(6)听说综合练习

为了复习一课所有的生词，教师可以综合利用以上各种方法帮助学生练习所有生词的形音义。例如，要复习"粗心、寒冷"等词语，教师可以将词语写在黑板上，然后给出情景，让学生迅速说出词语：

教师：细心的反义词是……

学生：粗心。

教师：今天气温很低，我们可以说天气……

学生：寒冷。

在做这样的练习的时候，教师可以将词语的次序打乱，然后让学生说。也可以让学生之间相互进行练习，一个学生说出情景，另一个学生根据他所说的情景猜测是哪个词语。

2. 辨别词语的练习

辨别词语的练习就是让学生应用学过的词语知识，对教师所给的语言材料进行辨别、分析，最后做出判断或选择的练习。主要方法有以下几种。

(1)选词填空

学生根据句子的具体语言环境和词语的不同用法来选择最

恰当的词语填空。这类练习主要用于近义词或容易混淆的词语的辨析练习。具体方法是,教师事先把题目写在黑板上或利用多媒体PPT演示,练习时出示题目,让学生迅速选词填空。例如:

时间是宝贵的,人人都要(　)它。

A.爱护　　B.保护　　C.珍惜

(2)修改病句

教师给学生一组病句,让学生修改。这种方法可以用来检验学生是否真正掌握了词的意义和用法。具体做法是,教师课前将病句写在黑板上,或印成文字材料发给学生。练习时,全班同学一起讨论,找出错误,并说明原因。例如:

*老师,我和安娜明天有事,咱们不能来上课。

该句中“咱们”应改成“我们”,因为“咱们”包括听话人在内。

(3)给词语分类

教师给出一组词语,让学生根据词语形音义的特点对词语进行分类。练习的过程是让学生对词语的读音、书写形式和意义进行归类分析,可以加深学生对词语音形义的印象,同时也可通过这种方法对学过的词语进行复习。具体做法是,教师按词语的特征写出一组同类词语,其中故意写上一个非同类的词语,然后让学生辨认,并说出为什么该词不属于同类。例如:

爱	恨	喝	讨厌	喜欢
马	牛	鸟	狗	猫
和	河	何	盒	喝

3.应用词语的练习

应用词语的练习就是通过词语的实际运用来帮助学生掌握词语用法的练习。常见方法有以下几种。

(1)搭配词语

教师说出一个词,让学生说出可与之搭配的词语。如教师说出动词,请学生说出可以与之搭配的宾语:

> 教师:看
>
> 学生:看电视、看书、看朋友、看病人、看报纸、看热闹

再如,教师说出量词,请学生说出可与之搭配的名词:

> 教师:一本……
>
> 学生:一本书、一本杂志、一本教材、一本词典

再如,教师说出名词,请学生说出可与之搭配的动词:

> 教师:菜
>
> 学生:买菜、卖菜、做菜、炒菜、吃菜、择菜

(2)用指定的词语造句

用词语造句是词汇练习最基础的训练方法之一。学生能准确地运用某一个词语造句,是他们基本掌握了这个词语的意义和用法的重要标志。然而,造句又是一种非常难组织的课堂教学方法。如果仅仅给学生一个词,没有任何情景,学生可能一时想不出句子来,课堂容易冷场,即使有的学生造出句子来了,也很容易出现各种各样的错误,有些错误,教师一点即明,有些错误却可能一时很难讲清楚,这时如果纠正,可能会浪费时间,不纠正,又不利于学生改正错误。因此,在造句练习时,教师最好给出一定的提示,以便学生按照教师提示的思路造句,而不用花过多的时间确定要说什么。

(二)词汇归纳

现代汉语词汇是一个开放的系统,而现代汉语词汇教学很多

时候就是一个一个地教，一个一个地学，这样不利于学生记忆和扩展词汇。因此，在完成一篇课文或一个单元的教学后，教师还应组织学生按照一定的规则对所学生词进行整理和归类，以帮助它们对汉语词汇进行系统的学习和掌握。

1.根据语音共性归纳词语

根据语音共性归纳词语主要是同音词的归纳，具体包括两类同音词。

一类是同形同音词，如“花钱”的“花”和“花朵”的“花”；另一类是异形同音词，如“在—再、带—戴、反映—反应、必须—必需”等。

异形同音词是导致错别字产生的一个重要原因，教师应注意收集学习者容易混淆的同音词，在教学中从字形、词义等方面进行对比分析。可以采用选词填空、组成短语等形式进行练习。

2.根据字形共性归纳词语

根据字形共性归纳词语，如同语素词的归纳。学完一课或几课后，教师组织学生将包含有同一汉字（语素）的词语集中起来。例如，课文中出现的有“欢”的生词“狂欢、欢乐、欢笑、欢喜”，有“心”的生词“真心、心中、心里、开心”，进而引导学生说出这些词语的常用搭配或例句。

此外，教师可引导学生对所学生词里带有相同部件或字形上十分相似的字词进行归类。例如，让学生归纳某课生词中含有部件“日”的字词“明（天）、晚（上）、时（间）”，某个单元中含有部件“氵”的字词“浅、深、漂”，含有“木”的字词“（学）校、（车）棚”等。利用字形归纳生词时，要特别注意帮助学生区分同形字和形近字，这些字词由于字形相同或相近，容易引起学生辨识和书写上的混乱。

3.根据语义相关性归纳词语

语义上的相关性具体包括近义或反义关系、上下位关系、类义关系、整体—部分关系，还可以包括顺序排列关系、同一主题关系等。教师组织学生按照这些语义类别将某一部分或某一单元所学的词语进行归纳，建立词语之间语义上的联系，可以加深学生对词义的了解，强化对词语的记忆。

教师和学生共同回忆某一课中出现的近义词和反义词，然后通过例句重温近义词之间的用法差异。

学习了很多水果的名称后，教师可说出上位词“水果”，让学生归纳出其下位词“苹果、香蕉、梨、西瓜”等。

学习了表示季节、天气的生词后，教师可先说出“季节”，让学生补充其组成成分“春季、夏季、秋季、冬季”，然后再引导学生说出这些季节的天气特点。

学习了时间名词“年、月、日”后，教师可以利用词语的顺序排列关系引导学生归纳所学生词，如“星期一——星期日”“前天—昨天—今天—明天—后天”“上午—中午—下午—晚上”，等等。

有些词语可以出现于同一主题或与某一主题相关，例如，某课生词中的“感冒、发烧、咳嗽、看病、开药、请假、请假条、休息”都与“生病”相关，教师可让学生根据这一主题将生词归类集中。

4. 根据语法共性归纳词语

教师可以让学生将一课中相同词性的词语集中在一起，如进行动词、名词、形容词、虚词的分类，以加深学生对词语语法特点的认识，增强学生对生词的熟悉度。那些具有特殊功能的词在教学中应引起注意，如兼类词“研究、充实、活跃”，状态形容词“雪白、冰冷、碧绿”，离合词“见面、叹气、结婚”等。

另外，教师还可以引导学生根据词语的构词方式归纳某课或某几课的生词，在复习生词的同时使学习者熟悉汉语词语的构词方式，更好地理解词语意义，也给他们遇到新词时猜测词义提供一定的依据。

第三节　现代汉语词汇的特殊性

与其他语言相比，现代汉语词汇表现出自身的一些特殊性，这些特殊性对现代汉语词汇教学有着不同程度的影响。为了更有效地开展现代汉语词汇教学，有必要对现代汉语词汇的特殊性进行分析，对便于教学的特征进行充分利用，对会造成教学困难的特征进行避免。

一、汉语词本身无形态变化

没有任何的形态变化是汉语词语最为显著的一个特征。汉语的名词没有数、格等的区分和变化，也没有阴性、阳性的区分；汉语的动词没有时、体、态的变化；汉语的形容词也没有级的变化；等等。另外，在句子的主语和动词之间也不存在相互对应的一致性关系。

汉语名词“书、公共汽车”，我们可以说“一本书、一辆公共汽车”，也可以说“五本书、很多书；十辆公共汽车、很多公共汽车”，“书”和“公共汽车”汉字和词语本身并没有形式上的变化。而英语可数名词则有单数与复数两种形式，表示一个人或事物用单数，表示一个以上的人或事物要用复数（加 s 或 es）。例如，book 有“book”与“books”之分、bus 有“bus”与“buses”之分。

汉语形容词“好”这个词并不因级别上的变化而在汉字形体上发生任何变化，英语的形容词则有原级、比较级和最高级的变化，好、比较好、最好分别由 good、better、best 表示。

汉语的动词也不必在数和时等方面跟主语相一致，可以说“我喝咖啡、你喝咖啡、他喝咖啡、他们和咖啡、今天喝咖啡、昨天喝咖啡”，汉语动词本身也不因时态的变化而变化，而是以在动词之外添加相关助词的方式来表示，例如“看”，可以说成“我看了电影、我看过电影、我正看着电影呢”。汉语词语的这些特性与一些西方语言如英语、德语、法语等很不一样。

汉语词语无形态变化这一特点，对刚刚接触汉语的初学者而言，是有利于他们尽快掌握汉语词汇和语法的。因为学习者不需要在学习汉语的初始阶段去记忆各种复杂的性、数、格、态等方面的变化，这样就可以将学习注意力更多地集中在汉字的辨识和词语意义的掌握上。

二、汉语的词、短语、句子结构具有一致性

有学者指出，“汉语的基础是词汇，词汇最足以代表汉语的特征，汉语从词到词组，再从词组到句子，再从单句到复句，它的结构形式是基本一致的”[①]。汉语复合合成词的构词类型和短语结构的基本类型大致相同，一般简单句的基本结构又跟短语大致相同。例如，复合词中有并列式：兄弟、喜欢、朋友，短语中也有相同结构：哥哥和弟弟、研究并讨论、漂亮又聪明；复合词中有偏正式：黑板、大楼、冰箱，短语中也有相同的结构：很暗的房间、挺高的写字楼、挺拔的树干等。

现代汉语词、短语、句子这三个语言层次的构造方式的一致性特点，决定了现代汉语教学可以前后一贯，通过词汇学习就可以了解短语和句子的结构。

三、汉语复合词具有一定理据性和透明度

在现代汉语词汇系统中，复合合成词占绝大多数。复合词由两个以上的语素组成，从复合词的结构类型及构成词的语素义（大多为字义）和词义之间的关系来看，很多词具有较强的理据性和较高的透明度。尽管复合词有固定的整体意义，但是可以通过

① 李明．对外汉语词汇教学与习得研究［M］．北京：中国大百科全书出版社，2011：44．

各自的语素义以及构词方式来了解词义。不少词的意思只要了解了组成词的汉字的意思，就基本上能猜测出词的大概意思了。例如朋友、道路、天色、黑板、皮鞋等。在现代汉语词汇教学中，充分利用汉语复合词的理据特征，就可以更加清晰地解析词义，从而使学生更快地理解词语的含义，也更易于记忆。

四、汉语单音节语素的使用频率高

根据《现代汉语常用词词频》和《现代汉语频率词典》的统计，单音节词在语言中具有很高的使用频率，在全部统计材料中，单音节词出现的比例占到64.3%。单音节语素是汉语词汇的核心，具有较强的构词能力，使用频率也比较高，同时也是词语理解的核心。单音节语素在数量上的优势也有体现，在固有语素中，大约90%以上为单音节。据统计，《现代汉语词典》中的语素同词的比例是1∶6，汉语词汇系统中有几千个语素，而由这几千个语素就可以构成几万个合成词。

此外，单音节语素具有较强的灵活性特点，在合成词的位置上，既可以在前，也可以在后，甚至可以在中间。例如，“学”放在前面就构成了学生、学习、学校；放在后面则构成小学、中学、大学、同学；还可以放在中间构成奖学金、文学家、留学生等。很多常用的单音节词除了可以独立成词单独使用，还可以作为单音节语素构成大量的合成词及成语。

正因为单音节语素使用频率高、构词能力强，所以我们在现代汉语词汇教学尤其是初级阶段的词汇教学的过程中，应该侧重对单音节语素的讲解，并逐步培养学生的语素意识。从单音节语素入手，结合构词法和意义进行词汇教学，可以起到“由字带词、以旧带新”的作用，同时，也有助于词语的集中归类学习和操练。

五、汉语类语缀构词、类推力强

词缀也称为语缀，真正严格意义上的词缀在汉语中为数并不太多，但是在汉语中也有一些语素是介于词根和词缀之间的，很难确定它们究竟属于词根还是词缀。对这样一些特殊的语素，吕叔湘先生(1979)提出了“类语缀”的说法。他在《汉语语法分析问题》一书中指出：“汉语里地道的语缀不很多，前缀有阿、第、初、老(鼠、虎、师、表)，小(鸡儿、孩儿、辫儿)等，后缀有子、儿、头、巴、者、们、然等，中缀只有得、不(看得出、看不出)。有不少语素差不多可以算是前缀和后缀，然而还是差点儿，只可以称为类前缀和类后缀……说它们作为前缀和后缀还差点儿，还得加个‘类’字，是因为它们在语义上还没有完全虚化，有时候还以词根的面貌出现。”①

类语缀按其在词中所处位置，分为类前缀和类后缀。类语缀的特点之一就是构词能力强，常常能与词根构成很多结构类型相同的词，类语缀的位置往往比较固定，类前缀放在前面，类后缀放在后面。随着社会时代的发展变化，近些年来，汉语词汇系统中涌现出大批新词新语，与此同时，一批新兴的类语缀也应运而生。例如，以“族”为类词缀的“草族”“柜族”“爱堵族”“房托族”“摆婚族”“扫街族”“全漂族”“啃老族”“上班族”“月光族”“御宅族”“追星族”；以“奴”为类词缀的“房奴”“卡奴”“车奴”“考奴”“股奴”“婚奴”等。

第四节　现代汉语词汇教学中的文化渗透

语言与文化之间具有密切的关系，民族文化制约和影响着民族语言的词汇层面，一个民族语言的词汇系统也对该民族的文化价值取向有着最直接、最敏感的反映。现代汉语词汇记录、反映了汉民族社会生活的方方面面，包括政治、经济、历史、地理、风俗、习惯，可以通过汉语词汇教学让学生对汉民族文化有

① 吕叔湘. 汉语语法分析问题[M]. 北京：商务印书馆，1979：43.

一定的了解。

一、汉语词汇系统与民族文化

（一）词汇反映的社会发展

汉语词汇在一定程度上反映出社会文化的发展与变迁。新词的产生、旧词的消失、词义的变化都与一个社会的物质生产活动、社会活动、政治活动以及人们的观念有着密切的联系，从词汇的变迁中可以看到社会发展、变化的痕迹。可以说，打开汉语词汇史就可以看到一幅斑斓多彩的社会历史图卷。

在我国畜牧时代，关于“马”的词很多。单是指小马就有好些词，一岁马、二岁马、三岁马都有不同的名称，指不同毛色的马有20多个词。有的学者曾统计过，古代马的各种专名有51个，牛的各种专名有18个，猪的各种专名有13个，羊的各种专名有11个，狗的各种专名有10个，鸡的各种专名有6个，这六种人类驯养的动物的各种专名就有109个。可见，当时人们主要驯养这六种动物，而其中以马为最多，当时它们在人们的生活中占据了相当重要的地位。可是，畜牧时代一过，就没有必要用不同的词来表示不同年龄、不同毛色的各种马、牛了，于是很多指马、牛的词都从汉语词汇系统中消失了。这些古代的词语反映了古代社会的情况，随着社会生活的变化，它们逐渐消失。

在现代社会中也是这样，我国十年特殊时期，一些具有政治象征意义的词非常活跃，构词能力空前突出。例如，“黑”象征反革命，凡是当时成为斗争对象的人或事物，都加上“黑”字，于是构造了一系列词语“黑帮、黑书、黑戏、黑材料、黑五类”等。“红”在当时象征革命，凡是当时拥护的人或事都加上“红”字，同样也构造了一系列词语“红心、红小兵、红太阳、红卫兵”等，这些词汇正是那个时代的特色的体现。

20世纪80年代以后，与对外开放和经济改革相适应，汉语中出现了大量与经济有关的新词语，如“改革、开放搞活、责任田、专业户”等。近年来，科学技术的发展，尤其是计算机和网络技术的突飞猛进，极大改变了人们的生活方式，与之相关的新词语大量出现，如“上网、网虫、联网”等。

现在人们的很多生活内容都与计算机网络联系在了一起，与数字联系在了一起，有人甚至说，现在人们开始了一种数字化生活。人们的日常生活当中出现了大量与计算机和网络有关的词语。

由此可见，旧词不断消失、新词不断出现，这些词汇的变化反映了社会的变化与发展。

（二）地名中包含的文化

地名是文化词汇的重要内容。地名反映了民族的地理历史、语言文化，也反映出民族的风俗习惯和道德观念等。例如陕西富平古称频阳，就是源于县治设在县境制高点频山以南。地名命名，也与古人的美好心愿相关。而“富平”这一地名是“外来户”，史载，富平县治西汉时期在今宁夏回族自治区吴忠市西南，东汉时期迁至甘肃彭原界（今庆阳市西南），西晋时期方自彭原界迁至今天富平县华朱乡怀阳城处，与当时的频阳县并存。东汉末年（包括三国时期）及西晋时期，乃是中国历史上著名的乱世。从富平县治的一迁再迁中，不难窥知当时非但民不聊生，甚至连“政”亦难安其所。有趣的是，这个“外来户”后来竟取代了“频阳”地名，沿用至今。个中奥秘，大概在于“富平”地名中所代表的人们的美好心愿了。地名中包含的文化主要体现在以下几点。

1. 地名与经济活动密切相关

许多地名与古代的社会经济活动密切相关。从这些地名里，可以看到过去的历史经济活动的各种情况。以北京为例，北京的许多街名、胡同名就同元明清时代北京的社会经济活动有密切联系。具体表现为以下两点。

第一，从北京地名可以看出北京畜牧业兴旺的事实。元代，游牧民族入主中原，带动了畜牧业的繁荣发展，进而影响到北京的经济生活，因而，北京就有了许多带马、羊的地名。例如，马甸、马市桥、马道口、羊胡同等。

第二，从北京的地名还可以看出其他商业交易活动。例如，花市大街、米市口、珠宝市、灯市口、菜市口等。这些地名反映了老北京城的市场上经营的花、米、珠宝、灯、菜等商品，品种繁多，大多是人们日常生活所需要的。

2. 地名反映出一定的社会心态

中国的地名反映出中国社会重礼制宗族、求昌盛太平的社会心态。在中国古代社会，宗法观念根深蒂固，老百姓把家族的居住地当作乐土。在长期的封建社会自给自足的小农经济中，往往同族同姓的人聚居在一起，形成一个村落，这些村落就很自然地用姓氏命名。例如，以“王”姓为名的地名有王村、王庄、王家店等，以“张”命名的地名有张寨、张集、张家庄、张家口等。中国姓氏有几百个，几乎每个姓都有很多地名，遍及全国各地。

3. 地名反映出民族迁徙和民族文化交流的踪迹

不同民族的交流接触以及一个民族的迁徙，都会在地名上留下痕迹。清王朝是满族入关后建立并定都于北京的我国最后一个封建王朝，其间大批满族人移居北京，因而在北京有不少含有满语成分的地名。例如，北京西郊的八旗地名，如蓝旗营、西三旗、西二旗、东三旗等都是满族地名。

（三）姓名中包含的文化

姓名与文化之间具有密切的关系。从汉族人的姓名中，通常可以看到汉族人崇尚什么，喜好什么，遵奉什么，从而发现汉民族文化的种种特点，具体表现为以下几点。

1. 宗族观念

汉族人命名，有时根据族谱，按字排辈分，叔伯兄弟的子女只要同辈分的皆称同一个字，另一个字可以自由选择。例如，山东日照丁氏，他们在清光绪二十六年（1900）六修丁氏家乘时，从第十三代开始将字辈定为："惟我家谱，履历备详，原籍海州，肇始武昌，明初来照，相宅河北，天启开科，崇祯任职，乡贤名宦，德言事功，显扬令绪，繁育兴隆，聿愿同心，孝敬和睦，世代绵长，丕承祖泽。"这套字辈以四言的形式，叙述了日照丁氏的来历、迁徙、发展以及对子孙后世的祝福与期望。再如贺龙元帅家族的字辈，贺氏先人贺从先，明末从军来湘。第二代叫贺云贵。第三代兄弟五人，分别以"象、虎、龙、凤、凰"名之。除贺凰无出外，余者繁衍成今日洪家关贺氏四大房。从第四代起，贺氏宗族即以"大廷良士，文学兴邦，光宗耀祖，世代永昌"十六字排辈。今天在同胞兄弟姐妹中，也常用同一个字来表示他们之间的血缘关系。汉族人在姓名上的宗族观念还体现在光宗耀祖的命名思路上，或以承先命名，或直书"显祖、光宗、耀先、敬宗"等。

2. 重视儒家道德观念

儒家倡导礼制，强调道德修养，仁义礼智信成为社会的精神支柱。在人名中，我们可以窥见重视伦理精神的取名，它们多用美德的词汇命名，如"仁"字，它是儒家所推崇的"仁者，爱人"的一个体现，中国人取名也很多以"仁"为字，像薛仁贵、李秉仁、董学仁、王守仁、郑友仁、张慧仁等。追求"仁"还要有一颗慈悲、善良、感恩的心，人们在取名时又有了对慈善和知恩图报的追求，从而有了穆念慈、叶至善、张友善、龚慈恩、吴承恩、张有恩、杨恩、郭世恩、何思恩、刘恩东、杨恩茂等名字。

3. 社会特征的反映

在中国现代社会，每一次重大社会运动都会在人名中留下印记。例如，春秋时期，鲁国大夫申繻便提出起名五原则。在具体选字方面他说："不以国，不以官，不以山川，不以隐疾，不以畜牲，不以器币。"汉代取名流行单字，尊老、身份、德行一类敬谦美辞往往成为首选。姓名中用单字被看作合乎礼数的标准做法。魏晋南北朝时期则因宗教影响，姓名中用"之"字的做法风靡，且打破了父子长幼间用字避讳，名字中出现同字现象，如王羲之、王献之等。唐宋以后，人们起名尽量考虑稳当、平安，以免引起歧义。如明永乐年间，有名叫孙曰恭的学子参加廷试获第一名，明成祖朱棣觉得"曰""恭"二字加起来像"暴"字，便取消其状元身份，改为榜眼。另外，与"五行""八字"加以配合补强命运的做法也逐渐产生并日益流行。中华人民共和国成立以后，社会的发展也对人的姓名产生了影响，人们起名字从封建社会人们追求功名富贵到中华人民共和国成立后"建国""国庆""超英""文革""卫东"等弥溢浓烈的政治色彩，再到当今社会姓名追求标新立异、与众不同。在名字中都折射出不同时代特定时期的人文氛围和价值取向。

4. 避讳

避讳现象在我国由来已久，积淀着深厚的民族文化内涵。通常情况下，姓名中的避讳主要有以下几种。

一是帝王，对当代帝王及本朝历代皇帝之名进行避讳，属于当时的"国讳"或"公讳"。如在刘秀时期，秀才被改成茂才；乾隆曾下诏门联中不许有五福临门四字，为的是避讳顺治帝福临之名。有时甚至还要避讳皇后之名，如吕后名雉，臣子们遇到雉要改称野鸡。

二是讳长官，即下属要讳长官本人及其父祖的名讳。甚至一些骄横的官员严令手下及百姓要避其名讳。陆游编著的《老学庵笔记》记有一故事：一个叫田登的州官不准下属及州中百姓叫他的名字，也不准写他的名字，到了正月十五照例要放灯三天。写布告的小吏不敢写灯字，改为"本州依例放火三日"。由此便有了"只许州官放火，不准百姓点灯"的笑话。

三是避圣贤，主要指避至圣先师孔子和亚圣孟子的名讳，有的朝代也避中华民族的始祖黄帝之名，有的还避周公之名，甚至有避老子之名的。比如孔夫子，名“孔丘”，北宋朝廷下命令，凡是读书读到“丘”字的时候，都应读成“某”字，同时还得用红笔在“丘”字上圈一个圈。清朝尤甚：凡是天下姓“丘”的，从此以后，都要加个耳字旁，改姓“邱”字，并且不许发音为“邱”，要读成“七”字。于是，天下姓“丘”的，从此改姓“邱”了。到了今天，有姓“丘”的，又有姓“邱”的，原因就是有的改了，有的又改回原来的“丘”字了。

四是避长辈，即避父母和祖父母之名，是全家的“家讳”或“私讳”。与别人交往时应避对方的长辈之讳，否则极为失礼。唐代诗人李贺之父名晋，“晋”与“进”同音，故李贺一生不能举进士。《红楼梦》中林黛玉之母叫贾敏，故林黛玉凡是遇到敏字都读成米或密。司马迁的父亲叫“司马谈”，所以《史记》里，把跟他父亲名字相同的人，一律改了名。例如“张孟谈”，改为“张孟同”；“赵谈”，改为“赵同”。后来《后汉书》的作者范晔也是如此，因为范晔的父亲叫“范泰”，所以在《后汉书》里，叫“郭泰”的，竟人不知鬼不觉地变为“郭太”了；叫“郑泰”的，也变为“郑太”了。

（四）颜色词中包含的文化

每一种语言都有一定的颜色词。尽管人们在颜色的感知方面具有一定的共性，但是颜色及其颜色词一旦用于人类社会，在不同时代、地区和民族的不同人们的心目中，由于受不同文化传统的影响和制约，就会产生特定的意思，引起特殊的联想，这就是颜色词的文化联想意义。下面对汉语中一些典型的颜色词进行分析。

1. 红色

红色是中国人最常用的颜色之一。在中国古代，朱、紫是两种相近的红色，它们也是古代高官衣服的颜色，不用为平常家居服装的颜色。因此，朱、紫色有高贵的文化附加意义，这就使红色有了高贵、吉利的意义。红色在民俗中是喜庆的颜色，结婚被称为红喜事。所以新娘子要穿红裙子，盖红盖头，新郎要披红绸带，戴大红花，大门要贴红喜联，晚上要点红蜡烛，送喜钱也要用红纸或红布包裹等。

此外，红色还可以让人联想到事业的兴旺发达、顺利成功等。所以在庆贺企业、公司、商店等开业的时候，往往用红绸带结彩，然后剪彩，以表示庆贺成功等含义。

2.黄色

黄色是我国古代的所谓正色之一。青白赤黑四色分别代表东西南北四方，黄则被视为“中央之色”。在传统中国文化中，黄色一直是尊贵文化的象征。但是，由于时代变迁，社会的变化，在现代中国，黄色已经有了贬义。这主要是受外国文化的影响。18世纪以来，美国多用黄色纸张印刷出版一些淫秽色情的书刊。中国受其影响，人们用“黄色”指各种色情淫秽的东西。于是汉语中有了“黄色书刊”“黄色电影”“扫黄打非”等说法，进一步有了“黄”作为语素构成的一批词语，如“黄源、黄毒、贩黄、造黄”等。这样，在现代中国人的生活中，黄色逐渐失去了传统文化中的那种神圣与尊贵，并且较之欧美的原意有过之而无不及了。

3.黑色

中国古代的夏、秦及汉初是崇尚黑色的，黑色也是五个正色之一。后来“黑”产生了“恶”义，可能是受了佛教的影响。在佛教术语中，“黑白”是“善恶”的异名。随着佛教影响的不断扩大，佛教的观念为汉族人所接受，“黑”这个词就有了“邪恶、不洁”的意思，如“黑煞（凶星）”“黑道（即黑道日，不祥的日子）”等词的形成。又由于传说中的阴曹地府，即地狱，是暗无天日的所在，和光明相对，所以黑色又象征着“黑暗、死亡、恐怖”等意义。

在十年特殊历史时期，很多人和事物都被冠以“黑”字，如“黑帮、黑线、黑后台、黑秀才、黑五类、黑信、黑关系”等。现在，“黑”的反动、反革命的政治色彩逐渐消失，而更多的是由“黑暗”义引申出来的非法、欺骗的意义，如“黑社会”“黑户”“黑车”等。

4. 白色

中国传统认为白色是贬义的，这与中国古代的五方、五行、五色观念有关。古人认为，西方属金，属秋，为白色，而秋天是枯黄死亡的季节，中国古代处决犯人一般也在秋天。因而代表“秋”的西方白色也是不吉利的。自古以来，亲人亡故，家属都要穿白衣服。

后来，“白色”由“凶丧”义又引申出腐朽、反动等贬义。当白色与红色相对时，称革命性的事物为“红”，反动事物为“白”。现代汉语中有“白军、白区、白色政权、白色恐怖”等。同时，在汉语中，白色也有褒义的用法。白色由于和白云、白雪、白玉同色，人们常用白色象征高雅、纯洁、光明等，如“洁白如玉”等。

5. 青色

青色在中国传统文化中不仅仅是单纯的物理学概念，更是被赋予了浓厚的文化内涵、人文标记，使用者将自身对青色的偏爱情感及社会文化观念与之相关联，使“青色”具备了表情达意、界定身份等级权威的功能。因此，“青色”本身成为一个不可替代的文化象征符号并被人们广泛接受、认可及使用。

首先，我国古代将宇宙生命万物分类为五种基本构成要素称为“五行”，即金、木、水、火、土。五行也有各自与之相应的颜色、形状、声音、质地等属性，其中以木行为东方之行，而树木是青色，所以把“青色”作为代表东方的色彩，有些也叫正色。

其次，青色作为五色之首本身就是受世人推崇的尊贵颜色。汉制，丞相、太尉皆金印紫绶，御史大夫银印青绶，三府官最为崇贵，故后来官服统称为“青紫”；汉代长安城门为青色，故称“青门”；晋制，皇帝诏书为“青纸紫泥”，后来“青纸”成为诏命的总称；

秦朝制，秦始皇只限三品以上官员穿着青色袍和深衣；明清制，文武百官服装皆为青色。

（五）数词中包含的文化

数是人类思维发展到一定阶段，为适应社会生产活动的需要而产生的。它的出现推动了人类抽象思维能力和社会活动的发展。数的产生及其本身并不神秘，它们的基本功能是用于计数，但由于数从被计数的事物那里分离出来经历了相当漫长的过程，所以人们产生了对数的灵物崇拜。于是，数词除了计数功能外，又兼有了神秘文化色彩。汉语中的数词的神秘文化含义还受到阴阳五行理论的影响。古人把十以内的数分为两大数列，认为奇数一、三、五、七、九为阳数，具有为天、为刚、为夫的文化象征意义，偶数二、四、六、八、十为阴数，具有为地、为柔、为妻的文化含义。下面对汉语中的数字进行简单的分析。

1.“一”

“一”是数字之母，同时也是万物之源。《老子》曰：“道生一，一生二，二生三，三生万物。”《说文解字》曰：“一，惟初太极，道立于一，造分天地，化成万物。”这里“一”不再是简单的一个数词，而是在讲天地未分的混沌时期，即开天辟地之初，世界起源之时，主宰天地的天道和天数就是从“一”开始的。

“一”与“元、始、初”同义。这样，人们自然就崇拜“一”，这种心态反映到汉语词汇中，出现了大批含有“一”的词语。

2.“二”

“二”是偶数之首，其他偶数均为二的倍数。汉民族的原始宗教和道教都尊崇偶数，认为好事成双，偶数是吉利的数字。这种观念反映到生活中，就是任何事都讲究对偶、对称。人们送礼时，讲究“送双不送单”，喜欢“双喜临门”，结婚的日子也喜欢定在双月双日。

3.“四”

“四”是“二”的倍数。在古代哲学思想中就有平稳、安定的象征，并且广泛应用于人们生活的方方面面。例如，“四时”指完整的一年；“四海”指整个世界；“四世同堂”是一个家族兴旺的最高境界。但是在现代汉语中，因为“四”和“死”谐音，人们往往会避讳“四”。

4.“十”

“十”具有完备之义，例如，当今推选完美突出的人或事物，都以“十”为数，如“十佳青年、十大新闻、十大影星”等。这些都有数字灵物崇拜的影子在里面。

二、现代汉语词汇教学中文化渗透的意义

人们运用语言进行交际，而词汇是语言的重要组成部分。汉语词汇中充分反映了汉文化的发展历程。词汇被打上了社会活动的烙印，传达着人类的思想与理念。现代汉语词汇教学中的文化渗透具有重要的意义，具体表现为以下几点。

(一)有利于交际需要的满足

人与人之间的交际离不开文化，在现代汉语词汇教学中进行文化渗透，能够有效满足交际的需要。随着经济全球化的迅速发展，我国对外开放水平不断得到提升。中国在国际上的地位越来越高，对国际社会的影响也越来越大，与此同时，越来越多的外国人开始学习汉语，这在很大程度上促进了我国汉语事业的发展。在现代汉语教学的过程中，由于不同的民族具有不同的文化传统，很多具有文化内涵的词汇在使用过程中常常出现误解，听话人的理解与说话人的本意大相径庭。例如，“三顾茅庐”，比喻真心诚意，一再邀请、拜访有专长的贤人。中国人很容易理解，因为

他们懂得与其相关的典故，但对中国的历史文化知识了解甚少的外国留学生则很难理解。可见，在进行现代汉语词汇讲解时，要考虑其所蕴含的文化。

(二)有利于语言习得需要的满足

文化与语言之间具有十分密切的联系，语言是文化的载体，不管是什么类型的课程，所学的内容都会涉及文化内涵，想要更容易地学习新知识，就必须将新知识与汉文化进行紧密结合，用中国人的思维方式来理解。因此，想要学好汉语，就必须了解汉文化的特殊性，了解汉文化与其他文化的差异。

(三)有利于文化传播需求的满足

弘扬中华文化是现代汉语词汇教学的一个重要任务，可以说，现代汉语词汇教学对于中国文化的发扬与传播具有重要的影响。语言是文化传播最重要的工具，要提升我国的软实力，就得增强汉文化的生命力和影响力。

三、现代汉语词汇教学中文化渗透的原则

(一)时效性

词汇具有明显的时代烙印，它反映着社会历史的发展与演变。因此，现代汉语词汇教学中的文化渗透，也同样应具有时效性。进入 21 世纪以来，随着我国经济文化的迅速发展，中国文化在全球范围内受到了越来越多的关注。培养学生文化素养的同时提升其汉语交际能力是汉语教学的最终目标。因此，词汇教学中的时效性也就显得格外重要。

现代汉语词汇教学中的文化渗透要求教师在教学安排上要更贴近生活，更具有实用性。例如，“小姐”一词本意是指富贵人家的女儿，但在中华人民共和国成立之后因政治原因曾一度消

失。到20世纪80年代后期,“小姐”一词再次出现并且词义的范围扩大了,成为对年轻女性的尊称。但20世纪90年代以后,“小姐”演变为提供色情服务的女性的代名词。

可见,文化渗透不应该仅仅是让学生了解中国传统文化,还更应同时帮助学生了解当代中国文化的面貌,使语言学习也能保证做到与时俱进。需要注意的是,与时俱进并不是要接受一切新鲜事物。对于现存的一些不规范的以及学术界尚有争议的语言现象要进行及时纠正。

(二)适度性

这里所说的“适度性”主要有以下两方面指向。

一方面指向现代汉语学习程度不同的学生。学习程度不同,对文化内容的理解和需求也会有所不同,因此,现代汉语词汇教学的文化渗透应充分考虑学生的认知水平及其自身的特点,做到由简入繁、由易到难,逐步扩展教学范围。简言之,所谓的“文化渗透”应该是根据不同学生的特点、循序渐进地制定。

另一方面指向文化差异。在现代汉语词汇学习中,常常会遇到这样的情况:同一个词语,在不同的社会背景以及意识形态的影响下,它们的意义并不完全一一对应,甚至有些词义的指向是完全相反的。这就要求教师根据学生的程度对隐含的文化义进行适当的解释,不要因文化差异而产生不必要的误会。

(三)合理性

有关合理性原则,吕必松曾明确指出:“培养学生运用所学语言进行交际的能力是语言教学的目的。”他认为:“在确定培养目标和教学要求、选择教学内容和教学途径以及规定教学法原则时,所有的出发点都要以有利于使学生在最短的时间内最大限度地形成所必要的语言交际能力为中心。看总体设计能不能为最有效地培养学生所必要的语言交际能力并做出科学的宏观安排是衡量其优劣的唯一标准。”[①]因此，现代汉语词汇教学中的文化渗透必须符合合理性的原则。可以说，在现代汉语词汇教学中进行合理的文化渗透，无论是对于词汇讲解还是对于文化介绍，都具有重要的意义。

四、现代汉语词汇教学中文化渗透的方法

（一）直接阐释法

直接阐释法，顾名思义就是直接将其意思阐述出来，其概念意义中包含着文化因素和文化背景。例如，“红”这个词在汉语中便有着很深的文化内涵。在中国的传统文化中，五行中的火所对应的颜色就是红色，八卦中的离卦也象征红色。在许多国家和民族中，红色有驱邪的功能。比如在中国古代，许多宫殿和庙宇的墙壁都是红色的。

对中国人来说，红色意味着吉兆、财运、吉祥、喜庆。在婚礼上和春节都喜欢用红色来装饰，如结婚时贴红喜字，用红围帐、红被面、红枕头；过节时贴红门联，挂红匾，送红包，剪红彩；生了孩子要送红蛋。

特别是每到本命年时，北方各地汉族人，不论大人小孩都要买红腰带系上，俗称“扎红”，小孩还要穿红背心、红裤衩，认为这样才能趋吉避凶、消灾免祸。这种习俗到今天仍在各地流行，每逢春节，市场上到处有出售“吉祥带”“吉祥结”的红黄绸带，本命年的人们将之系在腰间、手腕上，这样便可消解灾祸、化凶为吉。

“满堂红”的意思是指各方面都取得了很好的成绩，“红运”指好运，“红人”指受器重的人。谚语里还有：“走马看红，冷眼看绿”“娶了媳妇满堂红，聘了女儿满屋穷”“今日红花，明日白草”等。此外，红色在中国还有忠诚的意思，戏剧中的一些红脸人物（如关

① 柯慧俐.论对外汉语教学中词汇教学的文化渗透——以《发展汉语》为案例分析[D].陕西师范大学硕士论文，2012.

羽)被看作忠心耿耿的英雄;还有一些词语,如“赤子”“赤胆”“赤心”“丹心”“红心”等。

红色还象征革命和社会主义,近代以来,红色一直都成为无产阶级革命的代名词。如国旗——五星红旗、国徽、党旗等都是用红色装饰。汉语中“红军”“红旗”“红色政权”“又红又专”,都具有褒扬的色彩。由于红色容易引起人们的注意,因此许多警告标记都用红色的文字或图像来表示,例如在红绿灯中红色表示停止。另外,红色被认为能激起人雄性荷尔蒙的分泌,所以在运动比赛中运动员也喜欢身着红色服装。

(二)利用典故法

中国文化博大精深,而很多文化都集中体现在成语典故中。成语具有固定的结构形式和说法,表示一定的意义,通常作为一个整体出现在句子中。在用词方面,与现代汉语不同,成语保留了一些古代的修辞方式,一般都是一个故事的压缩。例如,“秦晋之好”这个词,教师便可以通过其典故来向学生阐释它背后的文化内涵。秦晋之好,汉语成语。意为春秋时秦晋两国世为婚姻,后因称两姓联姻为“秦晋之好”。亦作“秦晋之匹”“秦晋之偶”“秦晋之盟”“秦晋之约”。语出《三国演义》第十六回:“胤到徐州见布,称说:‘主公仰慕将军,欲求令爱为儿妇,永结秦晋之好。’”《明史·孙鑨传》:“乃至鑨割渭阳之情,南星忍秦晋之好。”亦作“秦晋之盟”。近义词有秦晋之缘、天作之合、秦晋之盟等。历史上秦晋政治联姻中有过两度“秦晋之好”。因此秦晋之好代表的是一种政治上的联姻,是国家之间的联合。

(三)归类法

在现代汉语词汇教学过程中,经常会遇到一些字词的形音相似,但是意思不同。对于字来说,通常是更换偏旁部首的形近字。例如,讲到“赚”字,可以将兼、谦、歉、廉归类区分解释,让其对汉字字形和结构有所了解。在讲“文火”一词时,可以对中国的烹饪文化进行分析，区别于西方的烹饪，中国的烹饪技艺更复杂更精细，因此可以将火候一一列出，有文火、中火、大火、旺火之分。

（四）对比法

对比法是针对同一个词，不同国家对它的定义和解释，进行对比分析的方法。例如，针对中国和英国对同一个词的不同解释，能揭示出两国不同的文化背景，以及词汇所蕴藏的不同的文化因素。例如，中国人虽然也像西方人一样认可狗，但对它们的感情却远远比不上西方人，因此汉语词汇中很多和狗有关的词汇都隐含着人们对狗没有好感的态度，如“狗屁不通”“狗血喷头”“狗仗人势”“狗急跳墙”“狐朋狗友”“狼心狗肺”“狗眼看人低”“狗改不了吃屎”“狗腿子”“狗崽子”“走狗”“狗嘴吐不出象牙”等。这样一来，狗就在中英两种文化中形成了截然不同的意象。教师完全可以通过中西方对狗的态度的差异，来进行与狗有关的词汇教学。

（五）联想法

联想法是指在学习一个词语时，不仅要对这个词进行单纯意义的解释，还要对这个词语关联的文化因素进行分析。例如，讲到杭州这个地理名词时，就可以发挥联想，对其进行丰富的讲解。杭州地处我国东南沿海，位于浙江省北部，面积达 1.65 万平方公里，人口约为 621 万，它是长江三角洲仅次于上海的第二大国际性都市，它的地形以丘陵居多，有“七山一水二分田”之说，虽然它的土地较小，但它的经济十分发达。杭州人靠着大大小小的生意，使得杭州成为中国重要的小商品基地。

同时它的地理位置十分优越，作为浙江省第一大城市，杭州是长三角副中心城市、华东地区中心城市之一，长三角南翼金融中心，地处长江三角洲南翼，杭州湾西端，钱塘江下游，京杭大运河南端，东濒杭州湾、钱塘江，南与金华市、衢州市、绍兴市相接，西与安徽省黄山市交界，北与湖州市、嘉兴市相邻。交通便利，经济发展速度迅猛，被誉为“中国最具幸福感的城市”。

杭州是中国七大古都，首批国家历史文化名城和全国重点风景旅游城市，文物、古迹众多，古代庭、园、楼、阁、塔、寺、泉、壑、石窟、摩崖碑刻遍布，众多景点或诡异神秘、内蕴深沉，或珠帘玉带、烟柳画桥，或万千姿态、蔚然奇观，或山青水秀、风情万般。其中以灵隐寺、六和塔、飞来峰、岳庙、西泠印社、三潭印月、花港观鱼、龙井、虎跑等最为著名，历代诗人吟咏不绝。

杭州历史文化内涵博大精深。几千年来，以西湖文化、运河文化、钱塘江文化为代表的杭州文化，在开放中融合、在创新中发展。秦汉时杭州融合了越文化与吴文化，魏晋隋唐时融合佛教、道教文化，南宋时融合中原文化和皇家文化，元明清时吸收伊斯兰教、基督教文化。其中，西湖文化采各个时期文化之精华，集山水、园林、宗教、建筑、名人、民俗、丝绸、茶与饮食文化之广博，体现了精致、和谐、典雅的特色。运河文化集物产、水景、戏曲、庙会集市文化于一身，体现了杭州文化开放、兼容、庶俗的特色。钱江文化犹如滚滚钱塘潮，是杭州人大气开放的象征和标志。

在大体介绍了杭州的特色之后，学生对杭州这一词也会有一个更深的了解，对杭州的文化也会有一个基本的把握。

参考文献

[1]葛本仪. 现代汉语词汇学(第3版)[M]. 北京:商务印书馆,2014.

[2]周国光. 现代汉语词汇学导论(第2版)[M]. 广州:广东高等教育出版社,2015.

[3]李英. 现代汉语词汇答问[M]. 北京:北京大学出版社,2014.

[4]黄伯荣,廖序东. 现代汉语(增订五版,上册、下册)[M]. 北京:高等教育出版社,2011.

[5]周荐. 现代汉语词汇学教程[M]. 北京:北京大学出版社,2016.

[6]卢惠惠. 现代汉语词汇学[M]. 上海:学林出版社,2011.

[7]武占坤,王勤. 现代汉语词汇概要[M]. 北京:外语教学与研究出版社,2009.

[8]陈光磊. 改革开放中汉语词汇的发展[M]. 上海:上海人民出版社,2008.

[9]钱玉莲. 现代汉语词汇讲义[M]. 北京:北京大学出版社,2006.

[10]万艺玲. 汉语词汇教学[M]. 北京:北京语言大学出版社,2010.

[11]李嘉耀,李熙宗. 实用语法修辞教程[M]. 上海:复旦大学出版社,2007.

[12]邢福义,汪国胜. 现代汉语[M]. 北京:高等教育出版社,2010.

[13]高岩. 基于语言学理论的网络语言应用研究[M]. 哈尔

滨:哈尔滨工业大学出版社,2014.

[14]汤玫英.网络语言新探[M].郑州:河南人民出版社,2010.

[15]李明.对外汉语词汇教学与习得研究[M].北京:中国大百科全书出版社,2011.

[16]吕叔湘.汉语语法分析问题[M].北京:商务印书馆,1979.

[17]王立.汉语词的社会语言学研究[M].北京:商务印书馆,2003.

[18]符淮青.现代汉语词汇(第2版,增订本)[M].北京:北京大学出版社,2004.

[19]杨振兰.现代汉语词彩学[M].济南:山东大学出版社,1996.

[20]谭永祥.汉语修辞美学[M].北京语言学院出版社,1992.

[21]高燕.对外汉语词汇教学[M].上海:华东师范大学出版社,2007.

[22]鲁健骥.对外汉语教学思考集[M].北京:北京语言文化大学出版社,1999.

[23]凌云.现代汉语词汇研究[M].武汉:湖北人民出版社,2011.

[24]曹日昌.普通心理学(上册)[M].北京:人民教育出版社,1963.

[25](苏联)斯大林著,中央编译局译.马克思主义与语言学问题[M].北京:人民出版社,1964.

[26]鲁健骥.外国人汉语词语偏误分析[J].语言教学与研究,1987(4).

[27]仝金钟.刍议现代汉语词汇色彩意义的变化[J].前沿,2010(8).

[28]张军香.现代汉语词汇教学与文化因素的渗透[J].唐山学院学报,2014(4).

[29]高黎明.对外汉语词汇教学中的文化渗透[D].河南大学

硕士论文,2014.

[30]柯慧俐.论对外汉语教学中词汇教学的文化渗透——以《发展汉语》为案例分析[D].陕西师范大学硕士论文,2012.

[31]韩裕玮.对外汉语词汇教学中文化因素的渗透——以《发展汉语》高级综合(Ⅰ)为例[D].内蒙古师范大学硕士论文,2014.

后 记

词汇研究一直是语言学研究的重要问题,但运用认知语言学理论来具体分析现代汉语词汇的较少。本书从认知汉语词汇功能的角度,运用范畴理论和原型理论对现代汉语词汇进行分析。

书稿是在作者多年教学经验的基础上,结合现代汉语词汇教学实践工作撰写而成的。书中也运用和参考了一些前人的研究成果,并结合当前现代汉语词汇发展的总体态势,对现代汉语词汇的合理运用进行了探索。期望本书的出版能起到抛砖引玉的作用,为祖国语言科学的发展做出一定的贡献。

本书的写作凝结了许多领导和师友的支持和帮助,再次对他们一并表示感谢。由于时间仓促,以及当今社会词汇发展的速度较快,本书中虽然写进了一点新的见解,但由于笔者学术水平有限,定会有不妥之处,还望读者见谅。

作　者

2017 年 6 月